FIN DE L'OCCIDENT, NAISSANCE DU MONDE

HERVÉ KEMPF

FIN DE L'OCCIDENT, NAISSANCE DU MONDE

ÉDITIONS DU SEUIL

25, bd Romain-Rolland, Paris XIVᵉ

ISBN : 978-2-02-108463-4

www.seuil.com

1

Pieds nus sur la terre infinie

Heureux qui regarde les étoiles.
Heureux qui peut regarder les étoiles.
Heureux qui pense à regarder les étoiles.
Dans la majesté insondable et scintillante de la voûte obscure se reflète le mystère de la présence humaine au sein de l'univers infini. La distance et le temps se mêlent et se fécondent.
Le ciel se voit. Le temps s'imagine. Et c'est par des chiffres que la pensée illustre l'origine de son histoire. De quinze à vingt milliards d'années, le big bang, naissance de l'univers. Quatre milliards et demi d'années, formation de la planète Terre. Un milliard d'années, apparition de la vie.
Patience dans l'azur, le temps s'écoule, la vie se répand, la Terre se peuple.
Pour rejoindre l'homme, il faut changer d'échelle, multiplier par mille notre appréhension temporelle, s'introduire dans ce dernier milliard d'années, raisonner en millions. Et voici un grand tournant des aventures de la Terre : il y a soixante-cinq millions d'années, la disparition des dinosaures ouvre la voie aux mammifères.
Parmi ceux-ci, on commence à distinguer les anthropoïdes, dont des traces se retrouvent au Myanmar, voici plus de

7

quarante millions d'années. Certains de ces animaux, pesant à peine quelques centaines de grammes, migrent vers l'Afrique. Laissons à nouveau s'écouler le temps, et voilà qu'il y a sept millions d'années, la lignée humaine se sépare de ses cousins primates : l'hominidé devient le seul singe qui marche sur ses pattes arrière de façon permanente et qui ne se déplace plus dans les arbres.

L'histoire est alors africaine. L'évolution humaine s'entrelace avec les variations du climat. Celui-ci détermine la végétation et les conditions d'environnement, ce que les scientifiques appellent la niche écologique d'une espèce, c'est-à-dire son habitat, son régime alimentaire, et ses relations avec les autres espèces. Au long des millénaires, le climat se refroidit, se réchauffe, plonge à nouveau dans la glaciation. Ces brusqueries déterminées par les irrégularités de la trajectoire planétaire transforment les conditions écologiques, donc la pression évolutive : les espèces doivent muter, ou s'éteindre et laisser la place à d'autres, mieux adaptées.

2,6 millions d'années avant notre ère : les changements climatiques s'accentuent, la lignée *Homo* s'affirme. Elle commence à agir sur son environnement, au moyen des premiers outils, que l'on date de plus de 2 millions d'années. Un nouveau refroidissement intervient autour de 1,7 million d'années, les habitats forestiers africains se rétractent, et voici *Homo erectus*. Il ne se réfugie plus dans les arbres, c'est un chasseur qui parcourt de grandes distances en milieu découvert. Il n'est plus inféodé à une niche écologique étroite, il chasse et cueille, explore les limites de la savane, les forêts, l'inconnu. Pour la première fois, l'ancêtre de l'homme met le pied hors d'Afrique.

Il passe par la Palestine, couloir desservant les trois continents d'Afrique, d'Asie et d'Europe. Et on le retrouve en

Chine, dans le nord de laquelle des outillages attestent sa présence voilà 1,6 million d'années. Il pénètre en Europe voici plus d'un million d'années.

Mais tous ne sont pas partis. Des cousins sont restés en Afrique, où ils apprennent à domestiquer le feu. Une découverte essentielle, car dès lors que les humanoïdes peuvent cuire leurs aliments, il devient moins difficile de les mâcher, la taille des dents peut diminuer, libérant de la place à la boîte crânienne et donc au cerveau, qui peut grossir...

Sur les trois continents, les espèces évoluent en parallèle et divergent dans leur constitution : en Asie, *Homo erectus*, en Europe, l'homme de Neandertal. Sur ces deux continents, le feu n'est attesté que vers – 400 000 ans.

Le cadre temporel s'est encore resserré, le dernier million d'années se déroule, il faut recourir à une loupe plus puissante. Et s'intéresser plus précisément aux changements climatiques, que les scientifiques datent assez précisément : le climat terrien va encore basculer une vingtaine de fois, de la glaciation au réchauffement et vice versa. Le dernier maximum glaciaire, un des plus froids, s'est développé depuis cent mille ans et a atteint son maximum il y a vingt mille ans, marquant un refroidissement moyen de 4 à 5 °C par rapport au climat actuel. Les glaciers occupent alors le double du volume actuel du Groenland et de l'Antarctique, et le niveau des mers descend près de 120 mètres plus bas qu'aujourd'hui.

C'est entre ces épisodes que s'est solidifiée la lignée menant à l'homme moderne : tant les fossiles que la génétique montrent qu'elle s'enracine dans un groupe ancestral africain. Et, selon la théorie privilégiée par la majorité des paléontologues, dite « out of Africa », un ou plusieurs groupes de ces *Homo sapiens*, comptant au total à peine quelques milliers d'individus, quittent l'Afrique il y a environ soixante-dix mille ans, entamant leur dispersion à la surface de la Terre.

Pourquoi sortir d'Afrique ? Peut-être à cause de la gigantesque éruption du volcan Toba, à Sumatra, il y a environ soixante-quatorze mille ans. Elle a projeté une quantité énorme de poussière dans l'atmosphère, provoquant un brutal refroidissement, qui aurait entraîné la disparition de nombreux humains dont seuls quelques milliers auraient survécu. Une réponse au bouleversement de Toba aurait été le départ pour explorer d'autres milieux plus accueillants.

Ces quelque dix mille individus sont les ancêtres de l'abondante humanité d'aujourd'hui.

La survie des migrants s'apparente plus à une loterie qu'à une marche triomphale. Leur dépendance à l'égard de l'environnement les place toujours dans une situation précaire face à ses transformations.

Certains groupes sont partis vers l'Asie, colonisant notamment l'Australie vers – 50 000. Là, d'ailleurs, ils exterminent en quelques milliers d'années les grands mammifères qui s'y trouvaient. Sans doute aussi *Homo sapiens* supplante-t-il ses cousins des sous-espèces qui avaient évolué en Asie depuis quelques centaines de milliers d'années. Dans une autre direction, les hommes franchissent le détroit de Béring vers – 13 000 et commencent à coloniser l'Amérique. D'autres groupes venus d'Afrique sont quant à eux passés en Europe, à la faveur d'un réchauffement climatique qui a fait fondre la glace qui isolait la péninsule européenne. Ils y cohabitent, de loin, avec les hommes de Neandertal, qui s'éteignent dans le tombeau de l'histoire. De quelle manière, on ne le sait pas.

Mais ce qui est certain, c'est qu'*Homo sapiens*, qui a émergé de la grande loterie évolutive, sait s'adapter à des milieux écologiques très différents, en développant des techniques et des coutumes permettant de surmonter les contraintes de la nature. En créant, autrement dit, des cultures. Vers 20 000 av. J.-C., le réchauffement s'est amorcé, conduisant, après diverses variations, à la fin de l'ère glaciaire, vers 12 000 av. J.-C., et au climat stable que connaît depuis lors l'humanité. Les géologues qualifient d'« holocène » l'ère géologique alors ouverte. Les eaux sont remontées, isolant les unes des autres les grandes régions, Afrique-Eurasie, Australie-Nouvelle-Guinée et Amériques. Se produit alors, en différents endroits du globe, en Anatolie, au Mexique, dans les Andes, au nord et au sud de la Chine, en Afrique, l'invention de l'agriculture : l'homme sort d'un passé où la subsistance était assurée par la chasse et par la cueillette, et apprend à domestiquer les plantes pour les faire reproduire à son avantage.

Il s'agit bien d'une révolution, que l'on appelle néolithique : ce changement de mode de vie va permettre l'accumulation de surplus alimentaires, la concentration des humains dans des villages et dans des villes, la diversification des types d'activité, et un décuplement du nombre des humains. Ce progrès, cependant, n'est pas une garantie de bonheur : il apparaît rétrospectivement que leur sort ne s'est pas amélioré. Ils travaillent plus que les chasseurs-cueilleurs, vivent moins longtemps, sont moins bien nourris. Mais le retour à l'âge de pierre est impossible…

Les sociétés paléolithiques avaient créé des cultures diversifiées. Celles du néolithique le sont encore davantage, et vont atteindre un degré de raffinement bien plus élevé, grâce à la constitution d'un surplus de production que les classes dirigeantes – car le néolithique invente aussi l'inégalité – vont consacrer à des réalisations religieuses ou d'apparat.

Mais un facteur demeure constant entre les deux époques : d'un bout à l'autre de la planète, le niveau moyen de

11

consommation matérielle est très comparable pour tous les humains. Les données précises manquent, et le concept même de consommation matérielle dans les sociétés de chasseurs-cueilleurs du paléolithique est exotique. Mais toutes les informations convergent vers cette uniformité des conditions de vie. De même, au néolithique, si de fortes inégalités se forment dans les nouvelles sociétés agricoles, aucune de celles-ci ne paraît offrir en moyenne à ses membres un sort très différent de ce qu'il est dans les autres sociétés.

Un outil pour approcher cette réalité tout en l'expliquant est celui de la consommation énergétique. Au paléolithique comme au néolithique, l'énergie disponible provient des plantes et des animaux consommés, ainsi que du bois : autrement dit, de l'énergie solaire convertie par photosynthèse en énergie assimilable par l'homme. En fait, la quantité disponible dépend de la capacité humaine à attraper les animaux et du nombre d'animaux disponibles, comme semblent l'avoir expérimenté les premiers occupants de l'Australie, et plus tard de la compétence pour cultiver les plantes. Les historiens évaluent cette quantité d'énergie disponible pour chaque humain entre 10 000 et 15 000 kilocalories par jour et par an (ou de 15 000 à 22 000 mégajoules par an).

Sur toute la terre, pour tous les hommes, pendant des millénaires, l'énergie est restée limitée. La rareté était le lot commun de toutes les sociétés, quels que soient la spécificité de leur culture, leur degré d'inégalité ou leur aptitude guerrière.

2
La grande divergence

Ce qu'il arrive ensuite ? Des dizaines de civilisations, des myriades d'aventures, une infinité d'histoires de guerre ou d'amour, de jalousies ou de vanités, une pluie inépuisable d'inventions. La souffrance et la peine, les gestes répétés de génération en génération, les ferventes extases et la patiente création de beauté, la misère et le contentement. De l'étonnante diversité de l'histoire écrite de l'humanité retenons un facteur permanent : la rareté de l'énergie physique disponible.

Dès lors, examinons quelques traits de cette longue période du néolithique ouverte voici dix mille ans, durant laquelle, d'un bout à l'autre de la terre, des hommes très différents s'éprouvaient les uns les autres, par le commerce ou par la guerre. Il faut ici, une nouvelle fois, ajuster la focale temporelle et oublier le millénaire pour embrasser le siècle.

L'Europe, un monde parmi d'autres

Pendant longtemps, l'Europe n'a été qu'une région du monde. Le regard rétrospectif lui accorde une importance particulière parce qu'elle s'est singularisée, à un moment *adventures*

déterminé de l'histoire, en faisant prendre à l'humanité un tournant décisif, que nous décrirons plus tard. Mais les péripéties qui ont marqué sa chronique sont aussi pittoresques – ou décisives, selon le point de vue – que celles des autres régions du monde dans lesquelles empires, royaumes, seigneuries et tribus ont palpité avec la même passion tenace.

Par un effet de la phénoménale expansion des échanges commerciaux que connaît le globe depuis quelques décennies, les historiens d'aujourd'hui décryptent plus attentivement que leurs prédécesseurs les échanges entre civilisations. On sait ainsi que, dès le paléolithique, les tribus éparses commerçaient entre elles, selon des circuits presque ignorés, pour échanger des lames d'obsidienne, une pierre volcanique formant des lames tranchantes.

Le néolithique, en favorisant l'expansion démographique et la formation de sociétés sophistiquées, allait étendre largement les routes et les volumes des biens échangés. On repère ainsi des contacts étroits entre l'Égypte, la Mésopotamie, et les peuples de l'Indus, ou entre la Chine et la Mésopotamie. En 138 av. J.-C., l'empereur chinois Han Wudi envoie en Asie centrale Zhang Qian, qui visite la colonie grecque de Bactriane, ville située dans l'Afghanistan actuel et aujourd'hui appelée Balkh. Zhang Qian ouvre ce qu'on appellera la « route de la soie », au long de laquelle Rome importera le précieux tissu dont la Chine seule alors maîtrise la technique. Les ballots circulent à travers l'Asie par cette piste, mais d'intermédiaire en intermédiaire, si bien que les deux empires n'auront jamais de contacts directs.

Deux cents ans après Zhang Qian, un autre émissaire, Gan Ying, voyage vers l'ouest mais interrompt son périple bien avant Rome, rebroussant chemin après être parvenu en Mésopotamie. Orient et Occident ne sont pas encore prêts à se rencontrer. Par la mer, des navires transportent la soie de Chine vers l'Inde, d'où lui reviennent aromates et épices, qui parviennent aussi, par l'Égypte, à Rome.

Les premiers siècles du premier millénaire voient les deux grands empires chinois et romain s'affaisser. C'est alors que l'Islam amorce, au VIIe siècle, sa prodigieuse expansion et élargit l'aire des échanges néolithiques : à la navigation sur les mers d'Asie et de la Méditerranée il ajoute un réseau de caravanes, auxquelles les dromadaires permettent de franchir les déserts. Ainsi entrent en relation l'Afrique de l'Est et de l'Ouest, les peuples des steppes d'Asie, la Chine, l'Inde. Puis, bientôt, les Européens renouent des liens, émergeant de la dépression qui a suivi la chute de l'Empire romain pour se lancer dans les croisades et découvrir les épices, mais aussi les innovations techniques d'une Chine en plein redressement sous la dynastie des Song, au XIe siècle : gouvernail et papier. Viennent aussi, d'Inde, les « chiffres arabes », et des pays musulmans l'abaque et l'astrolabe.

La Chine, d'ailleurs, est au début du deuxième millénaire le pays le plus riche de la planète. C'est sous la dynastie Song (960-1279) que débute la première utilisation significative de combustibles fossiles, le charbon commençant à être extrait dans les mines du Nord.

Au XIIIe siècle, les Mongols vont unifier fugitivement les territoires d'Eurasie centrale et constituer le plus vaste empire qu'ait jamais connu le monde. Ils font se toucher les frontières de l'Europe et la Chine, ce qui fait connaître aux Européens l'usage de la poudre et du canon, appris des Chinois et des Iraniens.

En fait, l'Europe occidentale, malgré l'expansion du Moyen Âge et la splendeur des cathédrales, ne compte pas davantage que quelque autre province sur la carte du monde.

Désorganisée et anarchique après la chute de l'Empire romain, relevée au Moyen Âge, elle connaît un terrible recul avec l'épidémie de la peste noire, qui culmine en 1348 : près de la moitié des 80 millions d'Européens périssent de la peste et de maladies connexes. De cette incroyable hécatombe, l'Europe va se redresser avec la Renaissance, dont le nom illustre le drame mortel qui l'a précédée, et qui s'épanouit d'abord en Italie. Elle va rattraper son retard, pour autant que l'idée d'écart entre des cultures qui s'ignoraient très largement puisse avoir un sens.

Au même moment, en 1405, l'empereur chinois Yongle lance l'amiral Zheng He dans une vaste campagne d'exploration. Zheng He explore les côtes de l'Indochine, l'archipel indonésien, l'Inde, touche aux Maldives, pénètre dans le golfe Persique, atteint l'Afrique orientale. Sa flotte est impressionnante, elle compte plusieurs dizaines de navires de 60 mètres de long – presque un record en ce qui concerne les navires en bois jamais fabriqués. Certains historiens, au regard de cette excellence technique, imaginent que les navigateurs chinois auraient pu finir par traverser le Pacifique et atteindre la baie de San Francisco. La Chine n'a pas découvert l'Amérique. Et la mort de Zhen He, en 1433, marqua la fin des explorations. Elles étaient très critiquées par les lettrés, qui en déploraient le coût, et prônaient le repli sur le continent. Les guerres au nord de la Chine, d'autre part, mobilisaient l'attention du prince. L'aventure maritime de l'empire du Milieu s'achevait. En 1500, il y fut même interdit de construire des navires de plus de trois mâts.

Pourquoi les Européens se lancèrent-ils alors sur les océans ? L'explication paradoxale est leur faiblesse même : ils avaient rapporté des croisades le goût des épices. On peine à imaginer aujourd'hui à quel point les aromates étaient précieux en ces temps de nourriture insipide. Le poivre se vendait au grain et valait son pesant d'argent. Et puis, l'Église avait besoin d'encens pour ses cérémonies.

Or, si l'océan Indien était alors intensément parcouru par des navires marchands de toutes nations, l'accès aux épices était contrôlé par les marchands turcs et arabes. Trouver des voies alternatives et s'affranchir de cette dépendance, alors que le prix faramineux des épices promettait des profits importants, devinrent un précieux stimulant pour les marchands du grand commerce et les marins aventureux à qui ils promettaient la richesse. Par exemple, les 26 tonnes d'épices que le dernier bateau de l'expédition de Magellan rapporta des Moluques, en 1522, donnèrent un bénéfice d'environ 500 ducats, qui dédommagèrent largement ses commanditaires de la perte des quatre autres navires.

Quel long et pénible voyage que de contourner l'Afrique ! Et l'idée naquit de franchir l'Atlantique, un moyen de contourner l'obstacle turc et arabe, pour atteindre les Indes fabuleuses…

À la fin du xve siècle et au début du xvie, en l'espace d'une génération, des centaines de navires – bien plus petits que ceux de Zheng He – explorèrent ainsi les côtes de l'Afrique, prirent pied en Amérique, firent le tour du monde, qui devenait de ce fait un domaine délimité et interconnecté.

Au lieu d'épices, ils trouvèrent de l'or, et un espace immense, ignoré des empires asiatiques ou musulmans, un espace qui allait se révéler une ressource faramineuse.

Diverses causes peuvent expliquer la rapidité stupéfiante de la conquête des empires aztèque et inca par les conquistadores espagnols. Comment, par exemple, l'armée de Cortés, qui ne dépassa jamais 600 soldats, put-elle battre les 40 000 guerriers qui lui faisaient face en 1521 ? La division de leurs adversaires, la maîtrise de la poudre et du cheval, la fragilité de civilisations dépassant les limites de leurs capacités ont bien sûr joué un rôle.

Mais les conditions biologiques ont pris une part sans doute plus importante dans cet effondrement vertigineux, qui fit par exemple passer la population au Mexique de 25 millions d'indigènes en 1519 à un million en 1605. Les Américains étaient isolés du reste du monde depuis que leurs ancêtres avaient passé le détroit de Béring des millénaires auparavant. Ils s'étaient habitués à des conditions écologiques totalement différentes, notamment en ce qui concerne les virus et les bactéries. De leur côté, les Européens s'étaient adaptés depuis des siècles à un éventail de maladies allant de la variole à la dysenterie ou aux rhumes, les survivants de ces innombrables plaies développant des résistances à leur égard. Ils apportèrent avec eux ces hôtes imprévus, qui se révélèrent la plus terrible arme de guerre que l'humanité ait jamais connue.

Ainsi, en ces années 1492, de découverte de l'Amérique, 1521, de conquête de l'Empire aztèque, 1522, de bouclage du tour de monde entrepris par Magellan, un tournant décisif se prend, qui voit une civilisation jusque-là peu assurée et divisée prendre un ascendant nouveau et conquérir des régions immenses.

Pourquoi les Européens ont-ils bousculé le monde ?

L'exploration maritime du monde et la conquête des Amériques donnent forme à la première poussée des Européens. Leur nouveau dynamisme va se prolonger à partir de la fin du XVIIIᵉ siècle par la révolution industrielle, d'où naîtra une suprématie impressionnante. En fait, entre 1750 et 1850, se produit ce que l'historien Kenneth Pomeranz a appelé « la grande divergence », par laquelle l'Europe sépare nettement son sort du reste du monde et engage la planète dans une mutation aussi importante que la révolution néolithique.

Notons qu'à l'orée de cette grande divergence les Européens restaient très conscients de leur faiblesse, voire de leur infériorité, par rapport aux autres grandes puissances, à commencer par la Chine. Quand Christophe Colomb s'élance à travers l'Atlantique vers les Indes mystérieuses, il emporte dans ses bagages une lettre pour le Grand Khan. Longtemps encore, l'empire du Milieu va impressionner les élites européennes qui, au demeurant, raffolent de la porcelaine chinoise. Selon Voltaire : « La Constitution de leur empire est la meilleure qui soit au monde, la seule qui soit toute fondée sur le pouvoir paternel [...] ; la seule dans laquelle un gouverneur soit puni, quand en sortant de charge il n'a pas eu les acclamations du peuple ; la seule qui ait institué des prix pour la vertu, tandis que partout ailleurs les lois se bornent à punir le crime. » Le philosophe français est cependant conscient de l'avance nouvelle de l'Europe : « Dans les sciences, les Chinois sont encore au terme où nous étions il y a deux cents ans. » L'Inde fascine moins, mais elle n'en est pas moins une nation industrieuse et prospère, qui est en 1700 le premier fabricant de textiles, qu'elle exporte massivement vers l'Angleterre.

Cependant, le plus important, avant le basculement qui se prépare, reste le fait suivant : les niveaux de consommation et de revenu étaient très comparables entre les régions les plus développées des extrémités est et ouest du continent eurasiatique vers 1750. Tous les historiens qui se sont intéressés à la question concluent que, selon tous les critères permettant d'approcher un « niveau de vie » – l'espérance de vie, la ration calorique, l'énergie disponible, le salaire ouvrier –, le sort des Européens n'est pas meilleur que celui des Chinois, des Indiens ou des autres peuples du monde sur lesquels on dispose de données relatives à cette époque. Pomeranz a étudié en détail le sud de la Chine et l'Angleterre rurale à l'orée de la grande divergence : « Les revenus annuels de la population rurale des deux régions étaient tellement proches qu'il est impossible de déterminer laquelle l'emportait. »

Au demeurant, c'est depuis le néolithique et partout dans le monde que cette situation a prévalu : la majorité de la population humaine a partagé durant ces millénaires une commune pauvreté. Si elle était bien plus nombreuse qu'au paléolithique, elle était sans doute en moyenne moins heureuse qu'à cette époque, en termes de durée de vie, de qualité de l'alimentation, et de santé. De surcroît, les chasseurs-cueilleurs d'antan travaillaient moins que la plèbe, qui a formé la grande masse de la misérable humanité pendant tout le néolithique.

Pourquoi, alors, si les Européens n'étaient pas mieux lotis que leurs contemporains chinois ou indiens, ont-ils pu constituer, au XIXe siècle, une civilisation d'une capacité productive inégalée et dominant toutes les autres sociétés ?

Une explication souvent proposée invoque les atouts propres à la culture des Européens : l'individualisme occidental, sa conception du temps issue du christianisme – un temps linéaire et progressif et non pas circulaire –, le primat accordé à la raison, initié par les Grecs et renouvelé par le cartésianisme, la créativité européenne, voire la cupidité et la recherche obsessionnelle du profit, sont avancés par les uns et les autres.

Les historiens économiques, de leur côté, ont plutôt attribué l'explication à l'innovation technique dans l'agriculture. L'amélioration des rendements agricoles a entraîné la croissance démographique, libérant les capitaux et les bras nécessaires à l'industrialisation. Mais à quel moment exactement et sous quelle impulsion ?

D'autres ont analysé les difficultés intérieures de la Chine et de l'Inde à l'époque étudiée : l'énergie politique et sociale y était alors concentrée sur la tâche de consolider la stabilité intérieure, et ne pouvait s'employer à explorer les phénomènes nouveaux dont se sont saisis les Européens.

Dans cette voie, une explication paradoxale a été proposée par l'historien Mark Elvin : selon lui, si la Chine n'a pas initié la révolution industrielle, c'est précisément parce qu'elle se trouvait dans un état d'équilibre économique qui ne rendait pas nécessaire un changement. Dans ce « piège de l'équilibre de haut niveau », la réussite même de la Chine la conduisit à maintenir sa réussite sans chercher à faire mieux. Dotée d'un bon système de communication, d'un État stable, la population chinoise était abondante et utilisait des méthodes agricoles performantes, ce qui empêchait de rentabiliser les investissements dans la mécanisation du travail.

Par ailleurs, le marché y était si vaste qu'une pénurie locale était aisément compensée, ou que les populations d'une région en disette pouvaient migrer vers une région plus prospère. La Chine du XVIIIe siècle était donc suffisamment prospère pour n'être pas poussée vers le changement. D'ailleurs, le confucianisme, prônant l'équilibre et la tempérance, avait depuis le XIVe siècle gagné en influence sur le taoïsme, plus ouvert sur l'innovation et le questionnement.

La Chine, donc, se situait, à la fin du XVIIIe siècle, à un niveau de développement semblable à celui de l'Europe du Nord-Ouest. Si l'on a vu pourquoi elle n'a pas suivi alors le chemin de la révolution industrielle, il reste à expliquer pourquoi l'Europe et singulièrement l'Angleterre se sont engagées tout de go dans cette voie.

21

La question a été attentivement étudiée par Kenneth Pomeranz, qui s'est appuyé sur une comparaison entre la Grande-Bretagne et une région chinoise de taille et de situation comparables, le delta du Yangzi. À la fin du XVIIIe siècle, l'Angleterre – qui, comme ailleurs, était dotée d'une économie essentiellement agricole – ne parvenait plus à faire progresser les rendements de ses cultures. Elle manquait de bois, qui ne servait pas seulement au chauffage et à la cuisson des aliments, mais aussi de combustible aux premières manufactures. En Chine, au contraire, le bois ne manquait pas, la couverture forestière semble avoir couvert 33 % du territoire en 1700, contre moins de 20 % en Angleterre et en France. De même, l'extension de la production de laine ou de lin entrait en Angleterre en concurrence avec la production agricole, les terres disponibles étant rares. En fait, l'économie anglaise plafonnait, parce qu'elle était contrainte par les ressources physiques disponibles, particulièrement énergétiques.

Mais deux facteurs sortirent l'Angleterre de l'impasse : la découverte du charbon, et l'espace nord-américain, qu'avait ouvert l'aventure maritime engagée deux siècles auparavant. L'Amérique allait, en effet, se révéler un vaste réservoir de matières premières : le « Nouveau Monde », où l'on refoulait sans ménagement ses occupants indigènes, offrait les terres permettant d'approvisionner la Grande-Bretagne en coton, en sucre et en produits agricoles. Or, la terre à l'époque néolithique ne fournissait pas seulement les aliments, mais aussi l'essentiel des matières premières nécessaires à l'artisanat et aux premières industries : bois, fibres et textiles.

L'Amérique du Nord est ainsi devenue pour la Grande-Bretagne une extension de son territoire, un « espace écologique » providentiel qui lui fournit au moindre coût les ressources dont elle manquait. Par exemple, observe Pomeranz, la quantité de sucre antillais importée par les Britanniques en 1801 représentait l'équivalent, en termes d'apports caloriques, de ce qu'auraient produit plus de 350 000 hectares des meilleures terres agricoles anglaises. De même, « pour se passer des importations de coton américain, les Britanniques auraient dû consacrer plus de 9,3 millions d'hectares à la production de laine : c'est davantage que l'ensemble des terres consacrées en Grande-Bretagne à l'élevage et à l'agriculture ».

Dans cette optique, la révolution industrielle lancée par l'Europe ne s'explique pas par une différence d'essence entre Orient et Occident, mais par des opportunités écologiques particulières. Sans charbon et sans Amérique, l'Europe serait restée une économie se développant lentement en intensifiant le travail et en augmentant le rendement agricole à petits pas. Elle n'aurait pas fait le grand saut, le monde n'aurait pas divergé entre une partie de l'humanité rapidement et massivement enrichie, en moyenne, et le reste de la société humaine.

Cette nouvelle puissance, d'ailleurs, allait générer un effet cumulatif, en permettant aux nouveaux maîtres du monde d'imposer leur accès privilégié à l'espace écologique mondial, soit par l'importation des matières premières des colonies, soit par l'imposition, plus tard, d'un prix bas à des ingrédients essentiels à son économie, et notamment le pétrole.

Des améliorations stupéfiantes

La révolution industrielle représente une mutation aussi importante que la révolution néolithique, comme l'a souligné l'anthropologue Claude Lévi-Strauss. Mais si elle est advenue par une sorte d'accident ou de chance pour les pays qui l'ont lancée, elle n'en a pas moins entraîné un bouleversement stupéfiant dans l'histoire de l'humanité.

Le plus frappant de ses aspects est l'explosion démographique qu'elle a favorisée, par l'augmentation de la production agricole et par la maîtrise de la mortalité infantile. La population mondiale atteignait environ 170 millions d'individus en l'an un, 300 millions en l'an mil, 450 en l'an 1500, et un milliard en 1815. Il avait donc fallu deux mille ans pour multiplier la population humaine par six. Il en a ensuite fallu moins de deux cents pour la multiplier de nouveau par six et atteindre 6 milliards en 2000. Nous sommes en 2013 plus de 7 milliards d'humains, qui pesons près de... 268 millions de tonnes. Le poids écologique de cette population doit aussi être apprécié en comptant les êtres et les objets qui sont devenus indispensables à l'humanité : 1,4 milliard de têtes de bétail, et... plus d'un milliard d'automobiles.

Pourtant, cette impressionnante expansion démographique s'est accompagnée d'une amélioration incontestable du sort matériel de l'humanité, si bien que la très grande majorité d'entre nous se sont émancipés de la misère alimentaire et physique qui avait taraudé toute l'époque néolithique. Ce constat ne doit certes pas faire oublier qu'à ce jour un milliard d'humains ne mangent pas tous les jours à leur faim. Mais l'évolution est certaine : la préoccupation obsessionnelle du repas quotidien, qui était le lot commun de presque toute l'humanité, ne l'est plus que pour une fraction encore trop importante, mais minoritaire de la société humaine. Une autre façon d'apprécier cette mutation est l'évolution du revenu annuel par tête, qui est aujourd'hui de l'ordre de 9 000 dollars, contre 650 au XVIIIe siècle.

Un indicateur de l'amélioration des conditions d'existence est l'allongement de la durée de la vie – pour autant que l'on accepte l'idée que le désir de repousser l'instant de la mort soit universel : « Plutôt souffrir que mourir, C'est la devise des hommes », disait le conteur La Fontaine. L'espérance de vie à la naissance semble avoir été de 35 ans à la fin du paléolithique. Le néolithique, on l'a dit, a entraîné une dégradation de l'état de santé des humains. Au xvIIIe siècle, l'espérance de vie à la naissance en France était inférieure à 30 ans – reflet d'une forte mortalité infantile. En 1950, l'espérance de vie dans le monde était de 45 ans ; elle est aujourd'hui proche de 70 ans.

Mais tout cela n'aurait pas été possible sans une mutation majeure : la disponibilité soudaine d'une grande quantité d'énergie. L'accès aux combustibles fossiles – et d'abord le charbon – change totalement le régime de production du néolithique. Avant la révolution industrielle, malgré la diversité infinie des cultures, la consommation moyenne d'énergie était presque uniforme d'un bout de la planète à l'autre. Le monde néolithique était étranglé par une disponibilité énergétique limitée aux plantes, au vent, à l'eau, et aux animaux – dont les pâturages concurrençaient aussi la production agricole.

Une première industrialisation s'amorce en Europe au xvIIIe siècle : mais elle repose sur le bois et sur l'énergie hydraulique, dont la disponibilité restreinte constitue un goulot d'étranglement, et sur le travail humain. En Angleterre, le charbon va desserrer cette contrainte. D'abord parce qu'il est un condensé d'énergie : un kilogramme de charbon représente environ 8 kilowattheures (kWh), soit plus que l'énergie dépensée par un homme durant une journée de travail intense (environ 6 kWh). Et ensuite parce que la situation des mines près des côtes a permis le transport à bas coût vers les régions de consommation. Un nouveau système énergétique se met en place, associant charbon, machine à vapeur et coton (celui-ci est importé d'Amérique, en substitution du lin et de la laine des terres britanniques), et qui permet de sortir du rationnement énergétique propre au néolithique : les économies européennes, puis l'américaine, allaient pouvoir se lancer dans la production de masse.

La quantité de charbon disponible va ainsi faire franchir à l'économie mondiale un saut majeur. On peut estimer qu'avant 1700, l'humanité utilisait 250 millions de tonnes équivalent pétrole d'énergies non humaines (bois, vent, eau). En 1900, elle en était à un milliard de tonnes. Au demeurant, ce milliard de tonnes était majoritairement utilisé par les Européens et les États-Unis, qui disposaient donc alors des trois quarts de l'énergie mondiale.

Le chiffre mondial allait passer à 2 milliards de tonnes en 1945 et à 10 milliards en 2000, soit quarante fois plus qu'avant la révolution industrielle.

L'humanité n'a jamais été aussi nombreuse, elle n'a jamais été aussi riche, elle n'a jamais autant consommé d'énergie. En deux cents ans, le mouvement lancé en Europe a fait passer le monde du néolithique à une autre époque.

Des écarts immenses et anormaux

Mais la grande divergence s'est aussi traduite par un phénomène exceptionnel dans l'histoire de l'humanité : une différenciation énorme des conditions moyennes d'existence d'une région du globe à l'autre. Les indices abondent pour illustrer cette disparité. Un habitant des États-Unis consomme aujourd'hui en moyenne dix fois plus d'énergie qu'un habitant de l'Inde. Un Allemand a un produit quarante-sept fois plus élevé que celui d'un Nigérien. Globalement, le produit national brut par tête varie de un à sept entre les pays en développement et les pays développés.

Mais cette approche, qui se contente de comparer les pays les uns aux autres, comme s'ils étaient homogènes, dissimule un autre phénomène, celui de l'inégalité existant au sein même des pays.

Par exemple, si l'on considère la situation en 1700, l'inégalité moyenne entre les pays était très faible, mais l'inégalité au sein de chaque pays était très élevée, entre par exemple les aristocrates anglais et les mandarins de la Cité interdite d'une part, et la masse paysanne misérable du Yorkshire ou du Yunnan d'autre part. C'est pourquoi il est instructif d'étudier l'évolution de l'inégalité mondiale en considérant les personnes indépendamment de leur nationalité.

Précisons la notion d'inégalité mondiale. Pour apprécier l'inégalité dans une société, les économistes en rangent les habitants selon leur niveau de revenu, et les regroupent en dix strates (appelées « déciles ») selon leur position. On évalue ensuite l'inégalité en comparant le revenu moyen des 10 % les plus riches avec celui des 10 % les moins riches.

On peut mener cette analyse au niveau mondial, en considérant l'ensemble de la population humaine comme une seule société que l'on va répartir par strates de revenu. On constate alors que l'inégalité mondiale était très élevée en 1700, parce que les membres des classes supérieures étaient dans tous les pays beaucoup plus riches que les paysans. Mais d'un pays à l'autre, les nobles jouissaient d'un niveau de vie comparable, et les paysans vivaient dans la même misère. L'inégalité était donc grande au sein des pays, mais faible, voire inexistante, entre eux en termes de richesse moyenne.

Les séries statistiques permettent de tracer l'évolution de l'inégalité mondiale de revenu depuis le début de la révolution industrielle, en 1820. L'analyse fait apparaître une augmentation forte de cette inégalité : le revenu moyen des habitants du monde a été multiplié par 7,6, mais le revenu moyen des 20 % les plus pauvres n'a fait que tripler, celui des 60 % du milieu quadrupler, quand les 10 % les plus riches ont vu leur part multipliée par près de dix. Cette évolution est due à l'envolée des pays européens et de leurs cousins en Amérique du Nord et en Australie, pendant les XIXe et XXe siècles. Par exemple, la différence du revenu moyen entre la Grande-Bretagne et la Chine est passée de 3 en 1820 à 6 en 1910 et à 10 en 1950. Une autre façon de considérer les choses est de signaler que le revenu moyen en Inde n'a augmenté que de 10 % entre 1820 et 1950, celui de la Chine de 17 %, quand celui des pays européens bondissait de 400 %.

Au sein des pays occidentaux, l'inégalité a reculé durant la première moitié du XXe siècle. Mais cela n'a pas compensé l'extraordinaire divergence des revenus mondiaux qui s'est produite pendant la révolution industrielle. Les sociétés occidentales sont devenues plus équitables quand, collectivement, elles formaient l'aristocratie du monde.

Le monde postnéolithique est profondément inégal.

3

La grande convergence

Ce monde postnéolithique, ce monde inégal, est-il destiné à durer aussi longtemps que le néolithique, soit douze mille ans ? Pour répondre à cette question, il nous faut de nouveau changer d'échelle et passer du siècle à la décennie.

L'envol et le rattrapage

Au XIXe siècle et jusqu'à la seconde moitié du XXe siècle, les pays d'Europe occidentale, rejoints par l'Amérique du Nord, le Japon et la Russie, connaissent une croissance économique vigoureuse, qui les a propulsés aux commandes de la planète. Les autres peuples sont spectateurs ou sujets de cette évolution si brutale qu'elle conduit à deux guerres d'une ampleur jamais vue auparavant et justement qualifiées de mondiales. À partir de 1945, pendant plus de vingt ans, les pays riches connaissent une croissance économique de près de 5 % par an ; mais ils ne sont plus seuls : d'autres régions du monde rejoignent ce mouvement trépidant, l'économie des pays d'Amérique latine croît au même rythme, tout comme les jeunes nations africaines, sitôt leur indépendance acquise. Rares sont ceux qui jugent alors que « l'Afrique est mal partie». De fait, c'est l'Asie qui est à la traîne et inquiète les experts du développement. L'un des plus réputés d'entre eux publie en 1968 une étude sur le «drame asiatique». Le produit intérieur brut (PIB) africain dépasse alors celui de l'Asie, hors Japon, qui s'engage, lui, dans une expansion prodigieuse.

En parallèle, l'allongement de l'espérance de vie, engagée depuis deux cents ans dans les pays occidentaux, gagne à partir de 1948 ce qu'on appelle alors le «tiers-monde». Le phénomène explique une partie de l'explosion démographique, qui propulse l'humanité de moins de 3 milliards d'habitants en 1950 à 6 milliards en 2000 : la population mondiale n'augmente pas seulement par ses jeunes, mais aussi par ses vieux, qui participent plus longtemps à la communauté des vivants.

Durant les années 1980 se produit un basculement majeur : alors que l'Afrique est tombée en panne et que l'Amérique latine ralentit, tout comme les pays occidentaux et le Japon, deux géants, la Chine, puis l'Inde, entrent à leur tour dans la course à l'enrichissement. Ils décollent à des taux de croissance vertigineux, parfois supérieurs à 10 % l'an, et commencent à aspirer leurs voisins et leurs fournisseurs de matières premières dans le tourbillon de cette expansion incroyablement rapide. De 1992 à 2010, le produit intérieur brut mondial augmente de 75 %. La plus grande part de cette progression est attribuable aux pays que l'on appelle aujourd'hui «émergents», la croissance des pays riches ayant fortement ralenti.

Ainsi l'économie mondiale commence à se rééquilibrer. Les pays occidentaux et le Japon voient leur part du PIB mondial reculer et passer en dessous de la moitié en 2010, tandis que l'Asie (hors Japon), qui ne pesait plus que 15 % du PIB mondial en 1950, en représente près de 30 % en 2010. Et se rappelle qu'en 1700 elle comptait bien plus… Le Premier ministre indien, Manmohan Singh, l'exprime sans fioritures :

« Les deux économies géantes d'Asie sont vouées à regagner une part considérable du PIB mondial, part qu'elles ont perdue pendant les deux siècles de colonialisme. »

Ce qui se passe, c'est que la divergence amorcée lors de la sortie du néolithique s'est achevée. Elle laisse place au mouvement inverse de resserrement des écarts : la grande convergence a commencé, le lit de l'histoire retrouve son cours normal après deux ou trois siècles d'emballement européen. La suprématie occidentale se dissout.

À l'échelle de la marche de l'humanité, elle aura duré le temps d'une parenthèse : moins de trois cents ans sur une histoire de soixante-dix mille ans, soit moins d'un centième de la durée de l'aventure d'*Homo sapiens*. Parenthèse brillante et décisive. Mais après avoir transformé le monde, les Occidentaux rentrent dans le rang.

L'imaginaire et l'imitation

La grande convergence n'est pas tant affaire de chiffres que de passions. Le ressentiment à l'égard des maîtres d'un moment et l'humiliation devant leur domination insolente ont fini par l'emporter sur l'effarement qu'avait d'abord causé leur maîtrise de l'énergie. Le spectacle de l'étourdissante richesse occidentale a aussi éveillé l'envie et le désir chez des nations filles d'une histoire prestigieuse.

La confrontation d'inspiration marxiste s'est révélée stérile ? L'adoption des règles du commerce mondial – c'est-à-dire le jeu de la complémentarité des économies – va fournir l'aliment du rattrapage désiré, dans un hybride émotionnel mêlant rivalité de prestige et acceptation de l'interdépendance.

31

Les ressorts culturels de cette extraordinaire remontée de pays naguère pauvres sont puissants.

L'Europe a témoigné après la Seconde Guerre mondiale d'un vif dynamisme. Un aliment essentiel en était la soif de prospérité après les misères et malheurs de la guerre et de la crise de 1929, la fascination, aussi, qu'exerçaient les sortilèges de la modernité. L'émergence des pays du Sud découle d'une dynamique comparable : il s'agit d'accéder aux délices de la société de consommation après des décennies de sobriété forcée sous la férule des Occidentaux. Le désir contenu se détend comme un ressort comprimé et soudain relâché.

La mondialisation de l'économie à partir des années 1960, initiée par les pays riches demandeurs de matières premières et de main-d'œuvre bon marché, s'est accompagnée d'une diffusion de la culture de consommation, qui a travaillé les imaginaires. Et de même que la mondialisation uniformise les structures économiques, elle fond les cultures dans un système commun de référence. Le spectacle de l'abondance offert par la télévision, par la musique ou par les touristes élève le niveau de ce qui est considéré comme normal.

Le mode de vie occidental est devenu la norme mondiale : auto, télévision, téléphones portables, appareils électroniques, voyages, centres commerciaux, mode, musique... Dans la course mondiale à la rivalité ostentatoire, ces objets sont les signes du statut, les marques de l'appartenance à la classe supérieure, les nouveaux codes du prestige.

La société humaine est engagée dans un mouvement d'uniformisation du statut moyen. Elle retrouve ce qui avait toujours été. L'inégalité moyenne mondiale va se réduire, les modes de vie convergent vers une situation d'homogénéité des conditions matérielles à travers la planète.

Les plus pauvres observent la façon de vivre des riches, chez eux et ailleurs. Tous ne peuvent y accéder, mais tous en rêvent. Fermentent le désir de posséder également les moyens du bonheur et le sentiment d'injustice devant des inégalités qui restent flagrantes.

Un exemple détonnant en est le malaise persistant des pays arabes. Plusieurs d'entre eux se sont immensément enrichis par les revenus du pétrole, à partir des années 1970. Comme l'observe Ahmed Henni, «l'idéologie islamiste, se référant à la manne pétrolière concentrée aux mains d'élites dirigeantes hyper-consommatrices, a fait miroiter aux populations l'utopique extension de cette hyper-consommation à l'ensemble des musulmans. Elle a engendré dans les pays musulmans pétroliers un "affolement" des aspirations en total décalage avec les possibilités économiques concrètes de ces pays».

Le poison de l'inégalité

La convergence présage donc l'unification globale des modes de vie. Cela sera cohérent avec l'histoire humaine.

Mais à quel rythme et quand? Pas avant... longtemps, si l'on en croit les prévisions de l'OCDE (Organisation de coopération et de développement économique). Selon cet organisme, qui réunit les pays occidentaux, le Japon, la Corée du Sud et le Mexique, le niveau de consommation par tête des habitants des pays riches sera, en 2050, le double de celui des pays émergents et le quintuple de celui des pays du reste du monde – dans une économie mondiale dont le volume aurait quadruplé à cette échéance.

En fait, les prévisionnistes, qui s'arrêtent à 2050, n'envisagent pas l'égalisation moyenne à cet horizon. Les analystes

33

raisonnent sur l'élargissement de la «classe moyenne mondiale». Celle-ci compterait aujourd'hui 1,8 milliard de personnes, soit un tiers de la présente humanité – presque tous les habitants des pays riches en font partie.

Comment est-elle définie ? Une approche qualitative la décrit comme composée de personnes pouvant mener une vie confortable, logées de manière stable, avec un accès à des soins de santé, à une éducation secondaire pour les enfants, et disposant d'un revenu permettant des dépenses de loisirs. En fait, il s'agit des couches sociales qui, dans les pays émergents, ont accès, de manière sommaire, au mode de vie de la société occidentale.

La grande majorité de la population des pays pauvres et des pays émergents vit en dessous du seuil d'accès à la classe moyenne, c'est-à-dire qu'elle est pauvre. Mais dans les pays émergents, la classe moyenne minoritaire définit le style de vie enviable, et le fixe comme objectif statutaire à l'ensemble de la population.

Au demeurant, l'évolution d'ensemble est moins simple que ce que suggère le «rattrapage» par les émergents. À partir de 1990, la forte croissance de plusieurs pays du Sud, et surtout de la Chine et de l'Inde, a permis de relever le niveau moyen de revenu des plus pauvres. Le PIB mondial par habitant a crû de 40 % depuis 1992, celui des pays en développement de 80 %. Si bien que l'inégalité mondiale, qui n'avait cessé d'augmenter depuis le début du XVIIIe siècle, a commencé à diminuer.

L'écart mondial reste cependant considérable. Le produit moyen par tête dans les pays développés est six fois plus élevé que dans les pays en développement. Si l'on affine l'analyse, on constate que le revenu national par tête dans les pays riches (parmi lesquels il convient de compter, outre les pays d'Europe, d'Amérique du Nord et le Japon, les pays pétroliers et des nations comme la Corée du Sud ou Singapour) était en 2010 cinq fois plus élevé que dans les pays à revenu moyen, et trente fois plus que dans les pays à bas revenu.

L'inégalité globale, c'est-à-dire entre les plus riches et les plus pauvres quelle que soit leur nationalité, reste ainsi beaucoup plus élevée qu'au sein de n'importe quel pays pris isolément et qu'il y a cinquante ou cent ans. Car un deuxième phénomène s'est produit : tant dans les pays riches (et particulièrement aux États-Unis, en Grande-Bretagne, au Canada et en Allemagne) que dans les pays émergents, l'inégalité interne a recommencé à augmenter à partir des années 1980. En Chine, l'inégalité a connu depuis 1978 une accélération aussi prodigieuse que son taux de croissance, si bien que l'inégalité y est plus importante qu'aux États-Unis, pourtant champions en la matière. Dans les anciens pays communistes, l'aggravation de l'inégalité a été la plus spectaculaire. Dans les pays d'Amérique latine, en revanche, elle a reculé de façon constante au cours de la décennie écoulée – ils n'en héritent pas moins du passé des niveaux d'inégalité parmi les plus élevés au monde.

Ainsi, deux mouvements contradictoires développent leurs effets depuis une vingtaine d'années : la croissance du revenu réel des pays pauvres, surtout des géants comme la Chine et l'Inde, réduit l'inégalité moyenne de pays à pays, mais l'accroissement de l'inégalité dans chaque pays compense ce mouvement au niveau mondial. Si bien que l'inégalité à l'échelle mondiale demeure extrêmement élevée : le 1 % le plus riche de la population reçoit près de 14 % du revenu mondial, tandis que les 20 % les plus pauvres n'en reçoivent qu'un peu plus de 1 %.

Sur l'échelle mondiale des revenus, la position relative des pays riches évolue, et une part croissante des populations du

Sud s'intercale dans les degrés du haut. Ainsi, entre 1992 et 2008, en Allemagne et en France, la part de la population allemande ou française située dans les 20 % les plus riches au monde est passée de 90 à 70 %. Aux États-Unis, de 90 à 80 %. Une partie des « Occidentaux », naguère classés dans les 10 ou 20 % les plus riches sont remplacés par les Asiatiques.

Au sommet de la pyramide, on observe aussi une internationalisation de l'oligarchie. La planète compte près de 29 millions de personnes millionnaires en dollars. Sur le classement des nationalités, les États-Unis mènent de loin, avec 42 % de cette population. Mais le deuxième pays représenté dans ce club est, depuis 2010, la Chine, avec un million de millionnaires, et 3,4 % du total. L'Inde, le Brésil, la Turquie, Hongkong commencent sur ce terrain à talonner l'Allemagne, le Japon, la France et le Royaume-Uni.

S'ils sont souvent concurrents, ces millionnaires de tous les pays partagent le même intérêt, celui de la conservation d'un système qui leur a si bien réussi.

Résumons. Après avoir lancé la révolution industrielle et transformé le monde en le faisant sortir du néolithique, l'Occident est, depuis quelques décennies, rattrapé. Sa suprématie s'efface peu à peu.

Une exception historique semble aussi devoir disparaître : la distance considérable du niveau moyen de revenu entre différentes régions de la planète. Mais si l'inégalité moyenne se réduit, un mouvement inverse d'accroissement des inégalités à l'intérieur des sociétés s'est enclenché. Si bien qu'au total l'inégalité à l'échelle mondiale reste très grande.

Du coup, nous ne devons plus raisonner en termes de nations, mais tirer la conséquence de la mondialisation culturelle qui a accompagné le formidable développement des échanges commerciaux depuis le milieu du XXe siècle : une société mondiale s'est formée. Et l'on peut décrire la pyramide des richesses et des pouvoirs qui la structure. Au sommet, une mince oligarchie, de plus en plus internationalisée. Ensuite, une classe moyenne supérieure, qui regroupe 10 à 15 % de la population mondiale, et qui demeure presque exclusivement dans les pays riches. Puis une classe moyenne, pesant environ 25 % de la population mondiale, et dont un peu plus de la moitié vit dans les pays riches. Les pauvres, qui comptent pour près de 45 % de la population mondiale, vivent presque totalement dans les pays du Sud. Et puis les misérables, qui subsistent avec moins d'un ou deux dollars par jour, et qui comptent pour 15 % de la population mondiale, exclusivement dans les pays du Sud.

Cette nouvelle dynamique sociale oblige à penser autrement : de même que le concept de « tiers-monde » s'est trouvé dépassé par l'effondrement de l'URSS et la poussée des émergents, de même le clivage « Nord-Sud » ne décrit plus correctement la nouvelle réalité. Riches et pauvres sont de moins en moins attachés à une nationalité, leur destin est de plus en plus délocalisé. Les forces qui animent la société mondiale ne se lisent plus dans la géographie, mais dans l'opposition entre la dynamique capitaliste et l'évolution rapide de l'écologie planétaire.

Et la question majeure qui détermine l'avenir n'est plus la place de l'Occident ou de toute autre puissance, mais celle-ci : quel peut être le niveau moyen de consommation matérielle des quelque 9 milliards d'habitants que pourrait compter la planète en 2050 ? Celui d'un habitant d'Amérique du Nord, d'Europe ou du Japon ? Ou très inférieur ?

4

Le mur écologique

Le monde magique de M. Rostow

Les prévisionnistes de l'économie envisagent l'avenir comme une ascension sans nuages. D'ici à 2050, annonce l'OCDE, exprimant une opinion largement partagée, « le produit brut mondial devrait quadrupler, dans la foulée des quarante années précédentes ».

De 1970 à 2011, l'économie mondiale a déjà quadruplé, selon un rythme moyen de 3,4 % par an. Si elle continue à cette allure, comme le pensent sans faillir les économistes des institutions officielles, elle quadruplerait de nouveau d'ici à 2050, pour atteindre 286 000 milliards de dollars, soit seize fois plus qu'en 1970, cent fois plus qu'en 1900…

Ces experts admirables appliquent un principe simple : ce qui a eu lieu arrivera. Paradoxalement, dans une société en permanence bouleversée par le phénomène de la croissance économique, les élites agissent de la même manière que dans les sociétés traditionnelles, en fondant leur conduite sur le retour infini du même. À leurs yeux, la croissance est un état normal de la vie économique, une espèce d'invariant, un phénomène immanent.

Le prophète de cette vision a été Walt Whitman Rostow. M. Rostow prêchait « la puissance vertu arithmétique de l'intérêt composé ». On priera ici le lecteur de pardonner un rappel sans doute superflu. L'« arithmétique de l'intérêt composé » désigne le fait que, dans la croissance d'une grandeur, l'intérêt gagné dans une période s'ajoute à cette grandeur. Si bien que, dans la période de temps suivante, le taux d'intérêt s'applique à la grandeur augmentée de l'intérêt, et ainsi de suite. La grandeur considérée croît ainsi d'année en année, si bien que le même taux de croissance modifie une quantité toujours plus importante. Cette arithmétique simple est souvent oubliée dans un monde obsédé par le court terme, où la croissance est perçue comme une simple addition d'une année sur l'autre. Mais dès que l'on prend du recul, elle représente un phénomène cumulatif impressionnant. Une quantité qui croît de N % par an double en un nombre d'années égal au quotient de la division de 75 par N. La croissance d'une quantité au taux de 10 % signifie donc un doublement de cette grandeur en moins de huit ans, la croissance au taux de 3,50 % un doublement en vingt et un ans.

On oublie aussi de considérer que tout doublement d'une production implique de produire pendant la période de doublement l'équivalent de tout ce qui a été produit auparavant. Ou encore, qu'un doublement de production implique de détruire autant de ressources naturelles que tout ce qui a été détruit pendant la période précédente, et d'accumuler autant de pollutions et de déchets.

Certes, l'amélioration des techniques permet de réduire la destruction et la pollution par unité produite. Mais pas suffisamment pour empêcher la destruction environnementale massive liée à l'augmentation considérable du nombre d'unités produites.

Par exemple, des chercheurs ont récemment démontré que l'élévation de la concentration de dioxyde de carbone dans l'atmosphère est précisément corrélée à l'évolution du PIB mondial.

Un quadruplement de l'économie mondiale représenterait donc une augmentation très considérable de la destruction environnementale et des pollutions de toutes natures. L'équilibre naturel du système Terre est-il en état de le supporter ? Cette question n'est généralement pas posée par les prévisionnistes qui extrapolent les courbes passées d'augmentation du PIB.

En 1960, M. Rostow n'avait pas consacré une ligne de ses réflexions à la nature ou à la pollution. L'idée n'en était pas de son temps. Son temps était celui de la croissance enchantée, des ronflantes automobiles et de l'apparition de la télévision en couleurs, de l'*American way of life*, bref, de l'Amérique triomphante. C'était aussi le temps d'une Russie qui était une « puissance industrielle de premier ordre », devançant les États-Unis dans la « conquête de l'espace » et dont l'économie s'enflait de 6 % l'an.

Au fait, pourquoi M. Rostow accéda-t-il à la notoriété ? Parce qu'il exposa dans *Les Étapes de la croissance économique* une vision du développement qui marqua les esprits de son époque et qui allait imprégner ceux de générations d'économistes. Selon lui, tous les pays ont vocation à suivre le chemin tracé par la Grande-Bretagne puis par les États-Unis. « On peut dire de toutes les sociétés qu'elles passent par l'une des cinq phases suivantes, écrivait-il : la société traditionnelle, les conditions préalables du démarrage, le démarrage, le progrès vers la maturité, et l'ère de la consommation de masse. »

Si Rostow est aujourd'hui oublié, son idée fondamentale est passée dans l'inconscient collectif : les émergents ont

« démarré », ils atteignent la maturité, ils vont accéder à l'ère de la consommation de masse. Ainsi, les peuples de la planète convergeront vers l'abondance généralisée illustrée par le modèle états-unien, phare de l'humanité.

La croissance fatigue

Ce qui a été sera-t-il ? La croissance de l'économie mondiale a suivi un cours globalement régulier depuis 1970. Va-t-elle le poursuivre durant les quarante prochaines années ?

En fait, la trajectoire des économies est souvent chaotique : l'Afrique a connu un bref décollage à la sortie de la colonisation avant de s'affaisser, la Russie s'est effondrée dans les années 1990, le Japon explore depuis 1980 le concept de la « croissance zéro », l'Europe cheminait avant la crise ouverte en 2008 à 2 % l'an, l'Amérique latine a fortement ralenti entre 1980 et 2000, la Chine et l'Inde sont parties comme des fusées après des décennies de croissance modérée. Rien n'est moins uniforme et garanti qu'un taux de croissance. La mondialisation a cependant créé des interdépendances beaucoup plus fortes que naguère : de plus en plus, l'économie mondiale évolue en phase, et le comportement de l'ensemble dépend de la dynamique de chaque région.

Mais la prévision d'un avenir de croissance pérenne tient pour acquis des facteurs discutables et en néglige d'autres.

En premier lieu, dans les pays riches, Europe, Japon, États-Unis, Corée du Sud, la saturation guette une large partie de la population, équipée en automobiles, télévisions, téléphones portables, et munie d'un assortiment complet de machines et gadgets variés. Le capitalisme a certes un talent incontestable pour générer des besoins dont le consommateur n'avait pas la moindre idée la veille, mais au bout d'un moment, il devient difficile de faire boire, comme dit le proverbe, un âne qui n'a pas soif. Dans les pays qui ont connu durablement une très forte expansion, il peut par ailleurs se produire une sorte de « fatigue de la croissance », engendrée par le bouleversement structurel que représente l'expansion brutale de l'économie : les coutumes sont balayées, les relations sociales sont reconfigurées, les rythmes de vie changent, l'alimentation se modifie, l'environnement est transformé, les embarras se multiplient. La médaille a son revers, qu'il faut domestiquer. Une forte croissance est comparable à une crise d'adolescence : l'organisme se transforme brutalement avant d'atteindre un nouvel équilibre. Le contre-choc de la croissance est d'autant plus déstabilisant que le choc de la croissance aura été brutal.

De plus, au cours du processus, l'aisance nouvelle d'une partie de la population génère d'autres aspirations que la consommation matérielle, notamment en ce qui concerne l'éducation, la santé et la retraite. Cela implique une autre répartition du budget global, au détriment des investissements qui génèrent le plus de croissance économique.

On doit aussi s'interroger sur la poursuite de l'exode rural. Selon le modèle de Rostow, l'augmentation de la productivité agricole au démarrage du développement libère de la main-d'œuvre à la campagne. Elle va nourrir le processus d'industrialisation en ville où elle constitue une force de travail accommodante et peu chère. En général, les conditions de vie que les paysans trouvent en ville sont meilleures que celles de la campagne. Et d'autant plus que l'exode rural a été fortement déterminé par les politiques qui opèrent délibérément un affaiblissement de la petite agriculture pour favoriser le développement urbain. C'est par exemple le choix qu'ont fait les dirigeants chinois depuis 1990.

Mais tant l'augmentation constante du nombre de personnes vivant dans des bidonvilles (830 millions en 2010) que la redécouverte de l'importance de l'agriculture par des populations appauvries et par de nombreux agronomes suggèrent que cette évolution n'est pas inéluctable, alors que les tensions alimentaires s'accroissent.

La croissance des pays émergents s'expose par ailleurs au « dilemme démocratique ». Dans la mesure où la crise dans les pays occidentaux limite leurs capacités d'importation, les pays émergents ne vont plus pouvoir autant se développer par l'exportation. Une façon de résoudre ce problème serait d'appliquer la « régulation fordienne » qui avait eu tant de succès dans les pays occidentaux durant les « trente glorieuses », autrement dit d'augmenter les salaires pour stimuler la demande intérieure. Mais cela suppose de répartir autrement les fruits de l'économie, donc de réduire l'inégalité, donc de remettre en cause le système de pouvoir. L'opération n'a rien de simple dans un pays autoritaire, où la classe dirigeante renâcle à voir se restreindre prébendes et privilèges.

En fait, le discours dominant sur la poursuite de la croissance mondiale repose sur deux hypothèses : la première est que la croissance des émergents se maintienne à un rythme élevé ; la deuxième, que la forte inégalité qui les traverse continue à être acceptée par leurs citoyens. Il est légitime de s'interroger sur ce qui se passerait dans le cas où aucune de ces hypothèses n'était vérifiée.

L'énergie coûte cher

Dans le développement imaginé par Rostow et qui hante le subconscient des prévisionnistes officiels, un élément est singulièrement absent : l'énergie. Si les pays « démarrent », « décollent », découvrent la « vertu de l'intérêt composé », c'est grâce à un éventail d'outils impliquant la productivité agricole, l'impulsion de l'État, le lancement de grandes infrastructures, etc., mais où l'énergie n'intervient pour ainsi dire pas.

Cet oubli s'explique par l'expérience historique : la révolution industrielle a été permise par le desserrement de la contrainte énergétique, autrement dit, par une baisse providentielle du coût de l'énergie. Tout au long des XIXᵉ et XXᵉ siècles, à mesure que les pays occidentaux voyaient leurs économies diverger de celles du reste du monde, l'abondance du charbon, puis l'irruption du pétrole, rejoint ensuite par le gaz, installèrent un prix de l'énergie modéré et stable. Le cours du baril de pétrole dans la première moitié du XXᵉ siècle resta toujours inférieur à 40 dollars (exprimé en valeur de 2012). Cette situation a fini par paraître naturelle. L'énergie était un facteur important, mais qui posait davantage de problèmes techniques et géopolitiques qu'économiques.

Après la Seconde Guerre mondiale, le pétrole se substitua au charbon comme énergie dominante. Entre 1946 et 1973, le baril de pétrole se maintint au niveau stable et modéré de 20 dollars (valeur de 2012). Du coup, Rostow et ses successeurs allaient tout simplement oublier de s'en préoccuper, comme s'il s'agissait d'une situation normale. Mais en 1973, le prix bondit soudain, ouvrant une décennie de crise économique, avant de retrouver, à partir de 1986, un niveau assez stable oscillant entre 20 et 40 dollars, et chutant même en dessous de 15 dollars en 2000. Le monde retrouva la croissance.

Or le pétrole demeure un pilier de l'économie mondiale. Il représente 33 % de la consommation mondiale d'énergie, et il est difficilement remplaçable dans l'automobile et la chimie. Depuis 2000, le cours du baril a entamé une courbe ascendante, qui l'a conduit – après un pic à 148 dollars en 2008 – à des niveaux supérieurs à 100 dollars. Le prix du gaz a suivi le chemin tracé par l'énergie dominante, passant entre les années 1990 et 2010 de 2 à plus 10 dollars le Mbtu (*million of British thermal unit*). Le prix du charbon a accompagné le mouvement, dans une moindre mesure, et celui de l'électricité nucléaire est tiré vers le haut par l'augmentation du coût de construction des centrales et de la gestion des déchets. Quant aux énergies renouvelables, leur prix tend à baisser, mais à partir d'un niveau beaucoup plus élevé que celui du pétrole et il ne sera pas modéré, s'il l'est un jour, avant plusieurs lustres. En effet, à la différence des combustibles fossiles, qui concentrent l'énergie dans un volume extraordinairement faible, les énergies du soleil, du vent et de la mer sont dispersées, ce qui rend élevé le coût de leur collecte.

Au total, l'économie mondiale est entrée pour plusieurs décennies dans une ère d'énergie coûteuse. Un constituant crucial d'une croissance élevée disparaît du paysage.

Il importe de s'attarder sur cette question, qui a été introduite par les théoriciens du pic pétrolier. Selon cette théorie exposée par des géologues pétroliers depuis 1998, la production de pétrole doit atteindre un « pic », sommet à partir duquel, en raison de l'épuisement progressif des ressources exploitables à un coût supportable, la production ne pourra plus croître. Cela ne signifie pas l'arrêt de la production, mais sa décroissance inéluctable.

L'analyse allait à l'encontre du dogme dominant. Mais la pertinence du concept de pic pétrolier s'est imposée par les faits, et en 2010, l'Agence internationale de l'énergie a reconnu que le pic du « pétrole conventionnel » s'était produit en 2006, c'est-à-dire que la production de pétrole brut ne « retrouve[rait] jamais le niveau record de 70 Mb/j [millions de barils par jour] qu'elle a atteint en 2006 ».

Cependant, d'autres sources de pétrole se sont développées dans les années 2000 : les sables bitumineux de l'Alberta, au Canada, les pétroles lourds du Venezuela, le pétrole océanique profond du Brésil et d'ailleurs, le pétrole de schiste aux États-Unis. De nouveaux procédés techniques permettent en effet d'extraire ce pétrole jusque-là difficile à recueillir : d'une part, le forage profond océanique est capable de percer sous 1 000 mètres d'épaisseur d'eau des puits à 6 000 mètres sous la surface du plancher océanique, d'autre part, la combinaison du forage horizontal et de la fracturation hydraulique permet de récupérer des bulles de gaz ou des gouttes de pétrole disséminées dans des couches géologiques inexploitables auparavant. La fracturation hydraulique consiste à injecter à forte pression un mélange d'eau, de produits chimiques et de sable pour casser la roche et libérer les hydrocarbures.

La généralisation de ces techniques, dans les années 2000 aux États-Unis, a favorisé l'essor de la production de gaz de schiste puis de pétrole de schiste, desserrant d'autant la contrainte énergétique comprimant la première économie mondiale.

Ces nouvelles ressources pourraient, pour quelque temps, compenser la chute de la production de pétrole conventionnel. Mais qu'elles puissent satisfaire une demande mondiale croissante reste un sujet ouvert à la discussion. Le point essentiel est que, si la ressource énergétique ne paraît pas devoir faire défaut, son volume ne pourra pas augmenter beaucoup et, surtout, que son coût suivra durablement une tendance haussière. Une étude du Fonds monétaire international table ainsi sur un doublement des prix du pétrole durant la décennie 2010. L'énergie à prix bas, c'est du passé.

La productivité décroissante des ressources

Le prix n'est qu'un aspect de la mutation en cours. La croissance économique depuis la révolution industrielle reflète l'augmentation prodigieuse de la productivité du travail. Celle-ci mesure le rapport entre la production d'un bien et le temps mis pour le produire. Elle n'a cessé de progresser en raison des nouvelles organisations du travail et du progrès technique, les nouvelles machines permettant de réduire le travail nécessaire à la production.

Mais ce progrès n'a été possible que grâce au bas coût de l'énergie, lié à la disponibilité massive de celle-ci. Les machines consomment de l'énergie, et le progrès technique a en fait remplacé du travail humain par de l'énergie fossile.

La situation actuelle est toute différente. La production d'énergie exige elle-même une certaine consommation d'énergie, dont le volume varie selon la difficulté d'accès de la ressource et l'état de la technologie. Du fait de l'épuisement des ressources les plus accessibles, il faut maintenant dépenser de plus en plus d'énergie pour produire une quantité donnée d'énergie utilisable. Autrement dit, le rendement énergétique de la production d'énergie est devenu décroissant (les spécialistes parlent de « taux de retour énergétique », en anglais d'« *energy return on energy investment* »). Par exemple, au début du XXe siècle, un baril de pétrole suffisait à réaliser les différentes opérations servant à produire 100 barils de pétrole. Le même baril ne générait plus que 35 barils dans les années 1990, 12 en 2007 – et ce taux continue à baisser, parce que la production de pétrole à partir des sables bitumineux ou des fonds arctiques ou océaniques requiert bien plus d'énergie que l'extraction en Arabie Saoudite ou en mer du Nord.

Le problème ne se pose pas seulement pour l'énergie, mais aussi pour un grand nombre de métaux et de minéraux qui entrent dans la composition de nombreux produits industriels, et dont la consommation s'est énormément accrue depuis un siècle, et plus encore depuis une vingtaine d'années, avec le développement de l'électronique et l'expansion des pays émergents. De même que le pic pétrolier est une réalité, se profilent à l'horizon d'une ou deux décennies des pics des métaux tels que le cuivre, l'antimoine, le dysprosium, le platine, etc. Un autre pic se dessine pour 2030 : celui du phosphore, qui est la matière première d'un engrais essentiel à la production agricole.

De surcroît, les gisements les plus faciles d'accès ont été exploités. On creuse maintenant dans des terrains présentant des concentrations bien plus faibles, si bien que la consommation d'énergie pour la même quantité de minerai augmente aussi régulièrement.

Ce lent étranglement présente un troisième volet. Non seulement le prix des ressources minérales augmente, non seulement la quantité d'énergie nécessaire pour les obtenir s'accroît, mais les dommages écologiques entraînés par leur production empirent eux aussi. Pour s'assurer les matériaux nécessaires, il faut en effet ouvrir à l'exploitation de nouveaux territoires, le plus souvent situés dans des régions jusque-là peu touchées par les dégâts de la révolution industrielle. Quant à l'exploitation du pétrole et du gaz de schiste, elle suppose le percement de très nombreux puits (dont la capacité s'épuise en une dizaine d'années), une forte consommation d'eau, et le rejet de grandes quantités de résidus liquides toxiques ainsi que d'un gaz à effet de serre, le méthane.

On se trouve ainsi entraîné dans un cercle vicieux où le moyen employé pour contrebattre la contraction des ressources disponibles entraîne un surcroît de pollution, et souvent, par effet indirect, une pression supplémentaire sur d'autres ressources rares. Ce processus ne concerne pas seulement la recherche d'énergie ou de matières minérales. Ainsi, le manque d'eau potable en région côtière stimule le dessalement de l'eau de mer, qui consomme de l'énergie et produit des rejets nuisibles. La raréfaction des poissons en mer stimule le développement de l'aquaculture, qui repose en partie sur l'approvisionnement en farine de poisson et accélère la raréfaction. Le développement de l'énergie éolienne et solaire suppose le recours à des métaux rares qu'il faut se procurer à grands frais d'énergie.

Augmentation du prix des matières premières, baisse de leur taux de retour énergétique et approfondissement de la crise écologique s'entremêlent indissolublement. Vouloir maintenir les conditions de la croissance signifie un coût écologique croissant.

Le mur écologique

L'annonce des différents pics signifie que l'humanité approche d'une limite physique des ressources. Le déséquilibre de plus en plus manifeste des grands systèmes biosphériques – dont le changement climatique est le premier témoin – indique qu'elle approche aussi des limites de la capacité du système Terre à assurer un état stable. En fait, la crise écologique présente un caractère unique au regard de l'histoire de l'humanité : nous sommes les premières générations à atteindre les limites de la biosphère.

L'humanité s'est déployée durant l'ère néolithique, mais le goulot d'étranglement énergétique l'empêchait de bousculer les régulations globales de la biosphère. Avec la révolution industrielle, elle s'est libérée de ce carcan, mais à un point où elle met en danger la perspective d'un avenir pacifique.

C'est au regard de ce péril que doit être analysé le mouvement historique de convergence des conditions moyennes d'existence, de retour mondial à l'égalité, qui se déroule maintenant.

On n'exposera pas ici l'état de l'écologie mondiale, qu'on n'imagine pas inconnu des lecteurs, mais il paraît utile de souligner quelques traits. L'un d'entre eux est que le rapport publié en 2007 par le Groupe intergouvernemental d'experts sur l'évolution du climat (GIEC), qui avait suscité une alarme justifiée, s'avère en deçà de la réalité prévisible. De nombreuses études scientifiques, parues depuis, reprises par le rapport du GIEC publié en 2013, montrent que la fonte du manteau glaciaire du Groenland, la réduction de la banquise arctique, le relâchement du carbone par le pergélisol (sol gelé du nord de la Sibérie et du Canada) se déroulent plus rapidement qu'on le pensait naguère. Par ailleurs, comme l'a indiqué un rapport spécifique du GIEC publié en 2012, la force grandissante des événements météorologiques extrêmes (cyclones, inondations, sécheresses) est un effet du réchauffement moyen de l'atmosphère.

Cependant, l'évolution des émissions de gaz à effet de serre n'a montré aucun signe de modération : depuis 1992, les émissions de gaz carbonique ont augmenté de 36 %, la température de 0,4 °C, et le niveau des mers de 2,5 millimètres par an.

La perspective d'un réchauffement moyen dépassant 2 °C durant le siècle en cours devient de plus en plus probable. Or, comme le résume le climatologue Hervé Le Treut, «l'histoire géologique nous apprend qu'une variation de 5 à 6 °C est associée à de grandes révolutions climatiques. Et nous savons qu'une variation de 2 à 3 °C implique des changements conséquents».

D'autres domaines écologiques se dégradent aussi rapidement. Ainsi, la superficie des forêts a reculé de 300 millions d'hectares entre 1992 et 2012, tandis que 36 % des 48 000 espèces étudiées par l'Union internationale de conservation de la nature sont menacées d'extinction. Le bouleversement induit par le développement de l'économie mondiale apparaît aussi dans le fait que l'utilisation de matériaux (biomasse, combustibles fossiles, minéraux et matériaux de construction) a augmenté de 40 % pour atteindre 60 milliards de tonnes : l'existence de chaque humain requiert ainsi, chaque année, la transformation de 10 tonnes de matières – ou plus exactement, 16 tonnes pour un habitant de pays riche, et 4 pour un Indien…

Nombre de scientifiques jugent, en fait, que plusieurs seuils critiques sont sur le point d'être atteints. Une fois ces seuils franchis, des changements abrupts et peut-être irréversibles dans les fonctions de la planète pourraient se produire.

Toutes les régions du monde participent à cette dégradation écologique, et la forte croissance des pays émergents y a joué un rôle majeur. Un symbole en est que les émissions de gaz carbonique de la Chine ont dépassé celles des États-Unis en 2006. Mais de leur côté, les pays riches, et particulièrement les États-Unis, s'ils ont connu une croissance plus faible, n'ont pas changé le niveau de leur consommation énergétique et matérielle, donc les impacts environnementaux. Les États-Unis se sont même engagés depuis 2000 dans l'exploitation des gaz de schiste au prix d'un impact écologique majeur sur leur territoire, mais aussi pour l'environnement mondial, puisqu'elle entraîne le dégagement de volumes importants de méthane, un gaz à fort effet de serre.

La convergence entre les deux mondes se produit alors que la violence du désir de rattrapage par les uns s'accorde au refus obstiné des autres de modifier leur mode de vie dispendieux. Il en résulte une course généralisée aux ressources dont les conséquences écologiques planétaires deviennent de plus en plus menaçantes.

La croissance des émergents va s'arrêter

Dans l'esprit de Walt Whitman Rostow, tous les pays avaient vocation à franchir successivement les cinq étapes du développement économique. Et quand on serait parvenu à l'ère de la consommation de masse, le problème de la « stagnation spirituelle » se poserait…

Son modèle ignorait la question écologique, mais aussi celle de l'inégalité entre les nations, puisque les plus riches étaient celles qui avaient montré l'exemple. La prolifique descendance intellectuelle de Rostow reste, on l'a vu, dans le flou le plus opaque sur le point de prévoir quand le niveau de vie des habitants du monde rejoindra celui des habitants des pays riches. De même que n'est pas évoqué l'arrêt de la croissance dans les pays les plus riches pour laisser aux autres le temps de les rejoindre. L'OCDE imagine même que les pays riches vont continuer à croître d'ici à 2050 plus rapidement que durant les années 2000.

Est-il même possible, est-il vraisemblable, que les émergents continuent durablement de croître à un rythme rapide ? L'Occident connaît une pause depuis la crise financière. Les émergents s'acheminent eux aussi vers un ralentissement prononcé de l'expansion de leur économie. Ils subissent la hausse du coût de l'énergie et des matières premières, et voient se contracter le marché de leur premier débouché, les pays riches. L'aggravation rapide de la situation écologique fait peser une charge supplémentaire sur leurs espoirs.

La question alimentaire redevient, pour autant qu'elle ait jamais disparu, un souci permanent. La raison en est simple : l'augmentation de la population a réduit la superficie agricole disponible. La Chine et l'Inde, notamment, sont maintenant pauvres en terres arables, ce qui les place en situation de dépendance croissante à l'égard de l'extérieur. En Chine, les terres cultivées couvrent moins de 130 millions d'hectares, dont il se perd un million par an, conséquence de l'urbanisation et de la désertification au nord du pays. En Inde, la pression sur les terres moins occupées de l'est du pays nourrit de violentes confrontations entre paysans et autorités, et fonde la rébellion des Naxalites. Les dirigeants de Pékin ont toujours à l'esprit que certaines des révoltes les plus spectaculaires de l'histoire chinoise ont eu pour origine des crises alimentaires.

Un autre souci fragilise encore la situation agricole des deux géants asiatiques : une tension croissante sur les ressources en eau, qui tendent à limiter la production. Dans un contexte différent, la question alimentaire n'est pas moins obsédante dans un continent africain dont la population devrait croître de plus de 50 % d'ici à 2050 et atteindre alors autour d'un milliard et demi d'habitants.

L'effet de l'érosion rapide de la biodiversité n'est pas encore aisément perceptible. Un des risques les plus grands qu'elle fait peser sur l'humanité est la rapide propagation de pandémies animales ou végétales, qui pourraient déprimer la production agricole, voire provoquer une importante mortalité humaine. La montée du niveau des mers va, elle aussi, devenir une préoccupation majeure dans les régions côtières, où s'agglomèrent souvent les populations les plus denses. Ainsi, par exemple, du golfe de Guinée où, entre Abidjan et Lagos, 25 millions d'habitants vivent dans une agglomération presque continue seulement protégée par un fin cordon dunaire. Ou du Bangladesh, dont on estime qu'une élévation du niveau de la mer de 0,5 mètre d'ici à 2050 amputerait le pays d'environ 11 % de ses terres, affectant 15 millions de personnes. De même, l'élévation du niveau des mers pourrait pousser à la migration plus de 14 millions d'Égyptiens, la salinisation accrue du Nil réduisant le nombre de terres cultivables irriguées.

Les effets du changement climatique sur le cycle de l'eau, sur la multiplication des sécheresses et des inondations, sur l'augmentation de la puissance des cyclones seront autant de contraintes qui obligeront nombre de pays à se protéger ou à s'adapter plutôt qu'à améliorer leurs conditions d'existence. Une étude scientifique estime que c'est dès 2040 qu'en Asie et en Afrique du Nord le seuil de 2 °C de réchauffement sera atteint.

Dans les pays rapidement industrialisés, la pollution des écosystèmes a aussi des conséquences nuisibles sur le bien-être, la santé et l'avenir des populations. La Chine n'est que l'exemple le plus frappant d'un développement forcené au prix d'un ravage écologique, dont la nature autoritaire du régime empêche qu'on en mesure la catastrophique ampleur. Quelques symptômes en émergent cependant à la face du monde, comme en 2008, quand il fallut suspendre l'activité industrielle dans la région de Pékin pour permettre que les jeux Olympiques se déroulent dans un air ne mettant pas en danger la santé des athlètes. Au demeurant, ces pays ont assis une part de leur extraordinaire développement sur l'avantage compétitif écologique, acceptant des taux de pollution élevés, selon la doctrine exprimée en 1991 par l'économiste en chef de la Banque mondiale : Lawrence Summers y recommandait la délocalisation des industries polluantes dans les pays les moins développés...

La dégradation rapide de l'écologie mondiale va peser encore davantage sur les pays les plus pauvres : ils devraient être les premiers exposés aux manifestations du changement climatique tout en étant les moins armés pour y faire face. Ainsi sont menacées les évolutions positives constatées depuis une cinquantaine d'années, le recul de l'extrême pauvreté et l'augmentation de l'espérance de vie.

La sortie de la croissance
et l'appauvrissement de l'Occident

Nous avons sommairement décrit plusieurs phénomènes : l'épuisement interne que suscite une croissance rapide, la contrainte nouvelle et durable d'un prix de l'énergie élevé, le poids croissant de la dégradation écologique. Cela nous conduit à conclure que la croissance économique du monde – telle qu'on la mesure conventionnellement – va fortement ralentir, celle des pays les plus riches s'arrêtant, voire s'inversant, celle des pays émergents et pauvres ralentissant fortement, voire s'arrêtant.

Il est utile de mettre cette mutation en perspective. Un concept pour y réfléchir est celui de « transition de phase ».

Les physiciens nomment « transition de phase » une transformation du système étudié qui est provoquée par la variation d'un paramètre extérieur. Quand celui-ci atteint un certain seuil, le système change de phase, ou d'état, et doit se conformer à des lois différentes de celles propres à l'état antérieur.

Ce concept s'applique parfaitement à notre époque. Ainsi le pic pétrolier marque-t-il une transition de phase : l'ère du pétrole et de l'énergie bon marché est derrière nous. De même, le climat entre dans une transition de phase : l'accumulation de gaz à effet de serre dans l'atmosphère entraîne celle-ci dans une situation tout à fait différente de celle qui prévalait depuis dix millénaires. Les grands écosystèmes terrestres, déséquilibrés par l'action humaine, de l'Amazonie aux océans, semblent eux aussi amorcer cette transition de phase. Ces phénomènes se propagent peu à peu dans l'ordre économique, qui est lui-même entré en transition de phase.

On peut ainsi comprendre l'histoire économique qui s'est déroulée depuis la sortie du néolithique. Le début du XIXe siècle a marqué une transition de phase radicale, avec la révolution industrielle. Les pays occidentaux sont alors entrés dans une logique de croissance (de l'ordre de 1,5 à 2 % par an), propulsant le monde vers un nouveau système énergétique et technique. Une puissante commotion s'est produite entre 1929 et 1945, marquée par une grave crise économique et une guerre violente, au sortir de laquelle le monde a connu une croissance rapide (de l'ordre de 3,5 % par an), d'abord tirée par les pays occidentaux, puis par les pays émergents.

Nous sommes aujourd'hui entrés dans une nouvelle transition de phase, qui va faire passer le monde à un régime de croissance guère supérieur, voire inférieur, au rythme de l'évolution démographique, soit 1,2 % par an.

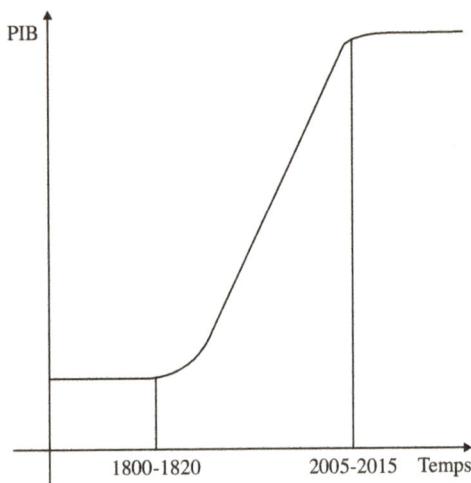

La transition vers une économie stable
(schéma adapté de Jean Chamel)

Que signifie, dans cette perspective, la conjonction des deux phénomènes historiques majeurs que connaît notre époque, à savoir la convergence des conditions d'existence à travers le monde et l'atteinte des limites de la biosphère ?

Que si nous laissons les tendances actuelles se poursuivre, l'inégalité mondiale, la course aux ressources et la dégradation des conditions écologiques conduiront à des conflits majeurs. Rien ne prédit que la transition de phase se déroule de manière paisible.

Or, le ralentissement de l'expansion économique, qui laisse inassouvis les désirs éveillés par la connaissance du sort de millions de ses contemporains auxquels on se compare avec envie, a toutes les chances de susciter une frustration qui se transformera en colère.

Mais un monde peuplé de 9 milliards d'habitants qui jouiraient tous du niveau de richesse occidental est écologiquement inenvisageable.

Dès lors, la grande convergence signifie que le niveau mondial de consommation matérielle moyenne doit – et va – se situer en dessous de celui des Occidentaux et autres pays riches. Si bien que le niveau moyen de ceux-ci doit – et va – diminuer. Les habitants des pays occidentaux et riches doivent – et vont – s'appauvrir en termes de consommation matérielle et d'énergie.

Quel est le niveau de consommation auquel peuvent prétendre les humains ?

Question essentielle, cruciale, vitale : quel est le niveau de consommation matérielle adéquat si l'on veut assurer le bien-être de 9 milliards d'humains sans déclencher des désastres écologiques incontrôlables ?

Pour y répondre, une première étape est d'analyser au niveau global un témoin de la charge écologique supportable : les émissions de gaz à effet de serre. C'est un indicateur certes partiel, puisque le changement climatique n'est qu'un volet de la crise planétaire. Mais il peut utilement guider la réflexion, d'autant plus qu'une transformation de nos sociétés en vue d'éviter la rupture climatique aura des effets positifs sur les autres aspects de la crise écologique, comme on le verra ultérieurement.

Donc, nous pouvons raisonner sur un « budget global » de gaz à effet de serre. C'est l'approche suivie par des chercheurs dont les études ont été publiées en 2009 par le journal scientifique *Nature*. Ils ont analysé les conditions qui permettraient

59

au réchauffement de ne pas dépasser de plus de 2 °C la température de l'ère néolithique. Le dépassement de ce seuil – que la planète n'a pas expérimenté depuis au moins cent mille ans – aurait, on l'a dit, des conséquences très néfastes. Pour avoir les plus fortes chances de limiter le réchauffement à 2 °C, ont calculé ces chercheurs, il nous faut limiter les émissions de gaz carbonique entre 2000 et 2050 à 1 000 milliards de tonnes. Or, depuis l'an 2000, l'humanité a déjà émis 300 milliards de tonnes de CO_2. Elle devrait donc se limiter à 700 milliards pour les quatre décennies précédant 2050... Notons que c'est beaucoup moins que le volume des émissions qui résulteraient de la combustion des réserves prouvées de pétrole, gaz et charbon. Et qu'y ajouter la combustion des hydrocarbures de schiste, des sables bitumineux ou des pétroles des fonds océaniques ferait crever ce plafond.

Dans cette perspective, l'équité mondiale implique de répartir les émissions possibles entre les différents pays, c'est-à-dire de répartir ce «budget» de 700 milliards de tonnes entre tous les pays. Or, les pays riches ont beaucoup émis de gaz à effet de serre durant la révolution industrielle. Et ils continuent à émettre proportionnellement beaucoup plus que le reste du monde, puisqu'ils émettent près de la moitié des gaz à effet de serre chaque année alors qu'ils ne comptent qu'environ un septième des habitants de la Terre. Conclusion d'un expert chinois, He Jiankun : «L'espace carbone a été excessivement occupé par les pays développés. Ils devraient réduire massivement leurs émissions pour laisser de l'espace aux pays en développement.»

Sur quarante ans, ce budget de 700 milliards de tonnes représente environ 2 tonnes et demie par humain et par an. C'est à peu près le volume émis aujourd'hui par un Indien ou un habitant d'Amérique latine, mais en dessous de la moyenne mondiale, qui est de l'ordre de 5 tonnes. Un Chinois émet en moyenne 6 tonnes, un Européen ou un Japonais 9, un États-unien 18, un Africain, moins d'une tonne. La logique des chiffres est claire : les habitants des pays riches doivent réduire fortement leurs émissions. Mais aussi, de plus en plus, certains pays émergents comme la Chine, qui excèdent déjà le niveau souhaitable du point de vue du bien-être mondial et durable.

On pourrait aussi traiter cette problématique en termes de revenu par tête, exprimé en unités monétaires. Le raisonnement conduit à la même conclusion, ce qui est logique, puisque l'évolution des émissions de gaz à effet de serre est assez étroitement corrélée à celle du PIB.

Récapitulons :

– Nous vivons un moment historique de convergence, ou d'égalisation, des conditions matérielles d'existence.

– Il se produit dans un contexte de dégradation écologique tel que, si nous laissons se poursuivre celle-ci, l'amélioration de la condition humaine ne sera plus possible.

– Le mur écologique implique que l'égalisation mondiale se produise par un abaissement de la condition des plus riches, et donc par une réduction de la consommation matérielle des pays occidentaux.

La conjonction de ces phénomènes historiques – la convergence de l'ensemble du monde vers des conditions matérielles d'existence semblables et la gravité de la crise écologique – dessine l'évolution de l'histoire dans les prochaines décennies.

Il y aura deux façons de vivre cette évolution :

– soit les pays occidentaux et les autres pays riches tenteront de bloquer cette tendance historique, et les rivalités pour l'accès aux ressources, notamment, s'accroîtront, jusqu'à multiplier les guerres ;

– soit les sociétés occidentales s'adapteront volontairement à ce courant historique, et le monde pourra alors faire face à la crise écologique de manière pacifique, tendant vers la formation d'une société planétaire certes traversée de tensions, mais rendue cohérente par l'intérêt commun de la survie dans les meilleures conditions possibles.

Le choix entre ces deux adaptations n'a pas encore été fait, ce dont on ne saurait s'étonner dans la mesure où la situation est encore confuse et où les enjeux ne sont pas encore perçus par les populations. Mais le mouvement de la mutation matérielle des débuts du postnéolithique s'est déjà enclenché. Tel est le sens profond de la tourmente financière déclenchée en 2007.

5

La crise économique expliquée
à ceux qui n'y comprennent rien

L'appauvrissement des Occidentaux

Le tournant a été pris en 2009, lorsque l'affaissement du système financier amorcé deux ans auparavant s'est traduit dans l'économie de la production et des échanges de biens. Les statistiques ont commencé à enregistrer dans la plupart des pays de l'OCDE une stagnation ou une baisse du niveau de vie moyen, et une augmentation du nombre de personnes vivant en dessous du seuil de pauvreté. ·

Dans les premiers États touchés par la crise de la dette – c'est-à-dire incapables de faire face aux échéances de la dette publique sans aide extérieure –, le niveau de vie a franchement plongé : c'est le cas de la Grèce et, à un moindre degré, de l'Espagne, du Portugal et de l'Italie. Au Royaume-Uni, soumis à une sévère purge d'austérité – dont sont protégés les hauts revenus –, le revenu disponible net a reculé en 2010, une première depuis 1981.

L'appauvrissement collectif se traduit par la dégradation des systèmes de santé publics, comme au Portugal ou en Espagne, le développement d'un marché illégal des ventes d'organes dans les pays du Sud européen, la cohabitation forcée d'enfants adultes chez leurs parents faute de pouvoir se payer un logement, comme en Italie ou aux États-Unis, le logement d'étudiants dans des conteneurs de marchandises, comme aux Pays-Bas, l'afflux dans les soupes populaires. Le chômage s'accroît partout. Les États-Unis sont passés à un taux de chômage à l'européenne de 8 à 10 % de la population active, contre 4 à 5 % auparavant. Et partout, les automobilistes réduisent le kilométrage qu'ils parcourent au volant de leur engin.

Le nombre de personnes pauvres, c'est-à-dire vivant en dessous du seuil de pauvreté, atteint ou dépasse 15 % de la population. Le seuil de pauvreté est établi en Europe à 60 % du revenu médian, le revenu médian étant le niveau qui sépare la population en deux parties égales (aux États-Unis, le seuil de pauvreté est établi à 50 % du revenu médian). Les statisticiens définissent en outre ce qu'ils appellent une « privation matérielle grave » par l'incapacité de payer un loyer ou de se chauffer en hiver, par exemple ; 8 % de la population européenne se rangent dans cette catégorie. Car si les couches supérieures tirent leur épingle du jeu, si les classes moyennes se maintiennent même si elles voient s'éroder leur revenu, ceux qui sont situés en bas de l'échelle, et qui ont le moins de moyens de pression politique, subissent le plus lourdement le poids de la crise. Les sociétés inégalitaires génèrent cette situation paradoxale : les plus pauvres sont les premiers à subir l'appauvrissement en cours.

L'espérance de vie, un indicateur qui témoigne du bien-être général, semble encore s'allonger, mais hésite d'une année sur l'autre. Et un indicateur plus fin, l'espérance de vie en bonne santé, commence à régresser en Allemagne chez les hommes, en Espagne chez les femmes et en France, aux Pays-Bas et en Autriche pour les deux sexes.

Bref : la situation se dégrade. Mais la crise ouverte en 2007 n'a fait que précipiter une situation qui était amorcée auparavant : l'augmentation des inégalités dans les pays de l'OCDE durant les deux décennies précédentes s'accompagnait d'une montée lente, mais significative, de la pauvreté. Les pays riches n'en jouissent pas moins d'un niveau matériel beaucoup plus élevé que celui des autres pays. Par exemple, s'il est vrai que l'Allemagne réduit légèrement ses achats d'automobiles, en 2012, c'est cependant une automobile neuve qui y est achetée pour 25 Allemands, quand le chiffre tombe à une automobile pour 70 Brésiliens ou 122 Chinois. De même, le taux de pauvreté ne recouvre pas partout la même réalité : en Grèce ou aux États-Unis, par exemple, il désigne un revenu par personne inférieur à environ 25 dollars par jour, en Chine, un revenu inférieur à 1 dollar, en Inde, à 0,55 dollar...

Comment la crise est arrivée

On ne peut pas comprendre la mutation en cours du système économique, engagée par l'affaissement du système financier en 2007, si l'on ne remonte pas aux années 1970. S'est alors amorcé un bouleversement des fondements du régime économique : le triptyque « inégalités, spéculation et endettement » a commencé à se substituer, dans les pays occidentaux, au triptyque « équité, productivité et croissance » qui avait assuré la prospérité durant les décennies précédentes.

Que s'est-il passé pendant les années 1970 ? Après trente ans de forte croissance, les marchés occidentaux paraissaient saturés et la part des profits s'était amenuisée. Le modèle antérieur ne fonctionnait plus. Il était fondé sur la « régulation fordienne », du nom de Henry Ford, un grand industriel états-unien des années 1920 : celui-ci avait compris que, pour vendre ses automobiles et faire du profit, il fallait que ses ouvriers soient suffisamment payés pour consommer largement... et acheter notamment des automobiles. Ce capitalisme nourrissant une forte demande allait prospérer jusqu'à la crise des années 1930, puis reprendre avec vigueur après la guerre mondiale. Notons que la réussite de la consommation de masse promue par Ford était symbolisée par le couple auto-pétrole, un puissant agent de l'accélération de l'effet de serre. Le système fit merveille pendant plusieurs décennies : centré sur la production industrielle, il assurait une adéquation permanente entre augmentation du salaire réel, gains de productivité et croissance.

Mais le plein-emploi conférait aux travailleurs un poids dans la négociation qui comprimait toujours davantage la part des profits dans le revenu global. L'internationalisation de la production s'offrit peu à peu au capitalisme comme une solution pour sortir de cette impasse : le but était de maintenir le marché de masse en croissance sans qu'augmente encore la part salariale. La production industrielle se déplaça alors vers des pays à très bas salaires. La Chine accepta ce jeu à partir de 1978 et des réformes de Deng Xiaoping, ainsi que d'autres pays comme le Mexique, qui développa les *maquiladoras*, zones franches à la frontière des États-Unis où purent s'implanter des usines recourant à la main-d'œuvre locale.

Les capitaux s'investirent donc dans les pays du Sud. Ainsi le profit fut-il reconstitué, d'une part en raison du faible prix du travail dans ces pays, ensuite parce que cette concurrence obligeait les salariés occidentaux à modérer leurs exigences, et même à accepter des reculs successifs. La productivité continua d'augmenter dans les pays occidentaux, grâce aux progrès de la micro-informatique, à partir des années 1980, mais la plus-value générée ne se traduisit plus guère par des hausses du salaire réel, accaparée qu'elle était par la rémunération du capital.

Le problème, c'est qu'on se privait ainsi d'un élément essentiel du système fordiste : les salaires élevés y alimentaient la consommation, qui faisait tourner la machine économique. Et quand les salaires n'augmentent plus, la consommation stagne. Comment maintenir la demande globale à un niveau élevé ? Par trois moyens. D'abord par l'augmentation de la consommation des dirigeants et des rentiers, enrichis par l'élévation des profits. Ensuite, par l'abaissement des prix des produits importés de Chine et d'ailleurs, qui compensait en partie la perte salariale : le revenu du salarié occidental stagnait, mais en tant que consommateur, il payait moins cher les produits. Enfin, grâce à l'endettement des ménages. La dette est en effet un moyen de compenser la hausse des inégalités, en permettant au groupe qui s'appauvrit de maintenir son niveau de consommation. L'endettement fut en particulier encouragé dans l'immobilier, l'illusion consistant à faire croire aux acheteurs que les prix s'élèveraient toujours, ce qui valoriserait d'autant leur patrimoine, et donc leur capacité de remboursement.

Ces trois outils – consommation des riches, bas prix des produits importés, endettement des ménages – ont été mis en œuvre avec le plus d'ampleur dans l'économie dominante, celle des États-Unis. L'endettement des ménages y fut favorisé par la politique de faible taux d'intérêt adoptée par le Federal Reserve Board, qui rendait les prêts attractifs. Mais le bas niveau des taux d'intérêt fut aussi rendu possible par le fait que la Chine investissait une part de ses recettes d'exportation dans l'achat de titres d'emprunt émis par les États-Unis : elle permettait ainsi que se poursuive l'endettement des ménages, qui garantissait qu'ils continueraient à acheter des produits... chinois. Chine et États-Unis avaient, et conservent, un intérêt commun, créé par une dépendance mutuelle.

L'un des effets de cette mutation du système économique fut que, dans tous les pays de l'OCDE, l'inégalité a recommencé à croître à partir des années 1980, le plus fortement aux États-Unis, où il s'est même produit une baisse du revenu moyen. Au tournant des années 2000, les ménages de plusieurs pays européens furent eux aussi poussés à l'endettement : en Espagne, en Irlande, en Grèce, l'entrée dans la zone euro fut associée à un crédit bon marché, mais au prix de déficits croissants du commerce et de la balance des paiements.

Ce mouvement général a été permis par une restructuration du capital engagée à partir des années 1970 : le pouvoir s'est déplacé du capital industriel – dominant durant les « trente glorieuses » – vers le capital financier. La mondialisation de la production l'explique pour partie : les compétences industrielles étant elles aussi délocalisées, elles devenaient moins nécessaires à demeure ; en revanche, le savoir-faire financier, de transaction et de commerce, devenu plus utile dans les pays les plus riches, a gagné en importance stratégique.

Surtout, le choc pétrolier de 1973, répété en 1979, bouleversa la donne. Il révéla pour la première fois qu'une limite physique peut altérer le cours de l'économie mondiale. À court terme, la crise qu'il entraîna fit renaître le chômage, et le rapport de forces entre travail et capital bascula du côté de celui-ci. Par ailleurs, les masses d'argent mises en mouvement par la forte augmentation du prix du pétrole firent changer d'échelle le marché financier.

On entend par marché financier le théâtre de capitaux qui ne se concentrent pas sur le seul financement des entreprises, comme cela avait pour l'essentiel été le cas depuis 1944, mais spéculent sur les emprunts d'État, les matières premières, les monnaies, l'épargne financière. Il avait repris son essor avec la création, à Londres, du marché des eurodollars à la fin des années 1960, accueillant les transactions soviétiques avec le monde occidental, ainsi que les capitaux cherchant à échapper à la réglementation fiscale de leur pays d'origine, les profits non réinvestis des firmes multinationales, etc. Ces marchés prirent une nouvelle dimension en 1974 avec l'afflux des pétrodollars, puis la crise de la dette des pays d'Amérique latine durant les années 1980. L'assouplissement des réglementations financières par Ronald Reagan aux États-Unis et Margaret Thatcher au Royaume-Uni allait leur donner un coup de fouet, notamment en facilitant la spéculation des banques, progressivement affranchies de régulation contraignante.

Ainsi, les ménages ne furent pas les seuls à être poussés à l'endettement. De la même manière, les gouvernements ont lâché la bride à la dette publique, à commencer par les États-Unis où Ronald Reagan relançait la course aux armements afin d'assécher la puissance soviétique. Dans l'ensemble des pays de l'OCDE, la dette publique a ainsi bondi de 20 % du PIB en 1980 à plus de 70 % en 2009. Mais les États ont brutalement augmenté leur déficit en 2008 pour sauver le système bancaire de la faillite et relancer l'économie. En fait, une partie de la dette accumulée par le comportement spéculatif des banques – qui accordaient des crédits déraisonnables et prenaient des positions très risquées sur les marchés – a alors été transférée sur les États. Un système bâti pour maintenir une croissance élevée dans un contexte d'inégalité toujours plus importante a donc conduit à une crise ravageuse.

Une partie de la dette est légitime, notamment celle qui est due aux pays du Sud qui ont constitué leur créance par la vente de biens ou d'énergie. Mais une large part en est due à des opérateurs financiers qui se sont en fait appropriés les gains de productivité générés depuis les années 1980.

Les causes historiques de la crise

Si la dette n'avait pas injecté massivement dans le corps de l'économie des pays riches des calories supplémentaires, il est fort probable qu'ils auraient dû s'adapter, sur une ou deux décennies, à l'épuisement spontané de la dynamique de la croissance. L'éclatement de la crise n'est que l'effet accumulé de ce refus d'adaptation.

Cependant, le choix qui a été fait par les classes dirigeantes de contourner par la mondialisation de la production et par l'endettement le problème apparu dans les années 1970 a eu de lourdes conséquences écologiques. Les pays riches, devenus importateurs de produits industriels, ont en quelque sorte délocalisé la pollution liée à la production. Cela a suscité un développement démesuré et déséquilibré des pays du Sud exportateurs, et opéré une ponction croissante sur les ressources biosphériques. La consommation matérielle dans les pays riches, stimulée par des importations à bas prix, a eu également un impact écologique majeur, tant chez eux, notamment du fait d'un étalement urbain diminuant la biodiversité tout en augmentant la consommation d'énergie, qu'à l'échelle planétaire, par l'élévation rapide des émissions de gaz à effet de serre.

Les conséquences ne s'en font pas encore sentir de manière mesurable. Mais la crise économique qui a éclaté en 2008 reflète aussi cette crise écologique. La forte hausse des prix du pétrole – liée à la tension devenant insupportable entre une consommation croissante d'énergie et le plafonnement de sa production – a en effet précédé l'éclatement de la crise financière. Le record a ainsi été atteint le 11 juillet 2008, avec un prix du baril de 147 dollars, deux mois avant la faillite de la banque Lehman Brothers. Plusieurs analystes jugent que cette évolution est en fait responsable de l'éclatement du système. Et que, comme cela s'est assez régulièrement produit dans le passé, une augmentation forte des prix de l'énergie entraîne la récession.

On a vu, dans le chapitre précédent, que le coût d'extraction de l'énergie et des minéraux allait devenir de plus en plus élevé. La modération des cours des matières premières correspond en fait à un ralentissement de l'économie. Celle-ci est dorénavant prise en tenaille : quand la croissance mondiale redémarre, le prix de l'énergie et des métaux s'élève et asphyxie la reprise. L'économie ralentit alors, la demande de matières premières se contracte, leur prix descend, la croissance peut redémarrer. Mais elle entraîne une élévation du coût de l'énergie et des minéraux, etc. La solution à ce problème, nous y reviendrons, est simple dans le principe, mais suppose un changement radical : plutôt que de dépenser tant d'efforts à découvrir de nouvelles ressources, la priorité devrait être d'apprendre à en consommer le moins possible.

Un autre aspect de ce phénomène explique que l'économie industrielle s'enraye. Depuis les débuts de la révolution industrielle, le système technique a cherché à augmenter la productivité du travail, c'est-à-dire le rapport entre la production et le travail fourni pour la réaliser. Il s'agissait de libérer du travail pour élargir les tâches et les types de productions possibles. La productivité est ainsi devenue la condition de la croissance économique. Mais la crise des années 1970 a changé la donne. La productivité, qui augmentait dans les décennies précédentes d'environ 4 % par an est passée à 2 % en moyenne, alors que les chocs pétroliers généraient un chômage permanent important.

Car la productivité dans les pays riches ne peut plus augmenter beaucoup. D'abord parce que le coût des dégâts écologiques et des matières premières commence à peser plus lourdement : il faut consacrer plus de travail à l'obtention de ces ressources tout en limitant les dégâts environnementaux. Ensuite, parce que, dans une société globalement très riche, les besoins s'orientent moins vers les biens que vers les services ou activités dits tertiaires, dans lesquels la productivité ne peut guère s'accroître.

Une solution au problème est de réduire le temps de travail. Il a diminué durant les trois dernières décennies. Mais si l'on ne maintient pas le niveau des salaires, cela se traduit par une baisse des revenus. C'est d'ailleurs bien ce qui se passe : la diminution du temps de travail se réalise de manière forcée, par le chômage ou par la multiplication des emplois à temps partiel mal payés. Mais la baisse des revenus contracte la consommation, ce qui déprime l'économie. Pour sortir de ce cercle vicieux, il faut donc modifier la répartition des revenus et de la richesse collective.

C'est même par là qu'il faut commencer : la grande convergence historique pose fondamentalement la question de l'équité mondiale, tandis que la crise écologique historique pose celle de la répartition de ressources biosphériques limitées.

Mais ce n'est pas le chemin que prennent les classes dirigeantes dans le monde d'aujourd'hui. Face aux difficultés, qui appellent de leur part un changement radical d'optique, elles se cabrent au contraire et tentent de conserver à tout prix l'ordre ancien – leur ordre.

6

Les politiques de la convergence

La stratégie du choc

L'abaissement du niveau de vie matériel des Occidentaux se produit de la pire manière qui soit : une lourde partie de la charge porte sur les pauvres et les classes moyennes. Cela n'est ni fortuit ni fatal, mais le résultat d'un choix délibéré. Comme le démontre Naomi Klein dans *La Stratégie du choc*, face à une situation de crise qui affaiblit la société, le capitalisme ne vise pas à remédier aux maux de celle-ci. Au contraire, il cherche à profiter de l'état d'abattement des peuples pour leur imposer l'application complète de son programme idéologique, qui consiste en la libéralisation totale de l'économie. C'est ce que révèle, en pleine crise financière, cet aveu du Fonds monétaire international : « Les pressions des marchés pourraient réussir là où les autres approches ont échoué. Lorsqu'ils [les peuples] font face à des conditions insoutenables, les autorités nationales saisissent souvent l'occasion de mettre en œuvre des réformes considérées comme difficiles. »

Quelles sont les « réformes considérées comme difficiles » – difficiles parce que les peuples s'y opposent spontanément ?

En premier lieu, la libéralisation du marché du travail, c'est-à-dire la maîtrise par l'employeur de l'embauche et du licenciement sans règles collectives. Ensuite, le remplacement des outils de solidarité collective que sont la sécurité sociale et la retraite par répartition par des mutuelles ou assurances privées de santé, et par des fonds de pension gérant l'épargne de retraite. Enfin, les capitalistes veulent la privatisation des entreprises publiques, quand il en subsiste, et des domaines d'activités encore placés sous gestion publique.

La Grèce est, depuis le tournant de la décennie 2010, le terrain d'expérimentation le plus spectaculaire de cette stratégie de choc, également appliquée avec une intensité variable au Portugal, en Espagne, en Italie, en Grande-Bretagne, etc. Le motif avancé est toujours le même : il faut rembourser la dette excessive du pays, attribuée à un excès de dépenses publiques. Cet excès est réel, mais seulement en partie, puisque la dette publique des pays de l'OCDE s'est envolée au début de la crise pour sauver les banques et relancer l'économie, et qu'elle avait été délibérément enflée dans les décennies précédentes pour générer la croissance.

Ainsi, on accorde aux pays les plus fragiles de nouveaux prêts, simple jeu d'écritures visant à effacer une partie de la dette antérieure. En échange, les institutions prêteuses – Fonds monétaire international, Banque centrale européenne, Commission européenne – imposent des coupes drastiques dans les dépenses publiques, en particulier les dépenses de santé, des baisses de salaires, et des privatisations tous azimuts qui s'opèrent à vil prix – secteurs de l'électricité, de l'eau, des transports, des ports et aéroports, etc.

En Grande-Bretagne, où la même politique est appliquée, certains comtés cherchent même à privatiser… diverses tâches de police, comme des enquêtes criminelles, le transfert de prisonniers ou la surveillance de certains quartiers.

Il n'est pas indifférent que la logique de libéralisation et de privatisation s'applique à l'environnement. En Grèce, par suite des prescriptions des institutions prêteuses, les moyens budgétaires de la politique environnementale ont été supprimés, les constructions illégales ont été légalisées, les règlements protégeant les zones naturelles ont été affaiblis, les terrains publics ont été promis à la vente et le pays est désormais livré à la colonisation énergétique, avec un projet de centrale solaire géante de 20 000 hectares, dont le courant serait exporté vers l'Allemagne.

Le système économique qui détruit l'environnement quand il est en croissance le détruit aussi quand il est en crise.

La mutation « bioéconomique » du capitalisme

L'application de la stratégie du choc à la politique écologique n'en est pas un aspect secondaire. De même qu'un fumeur invétéré sait que la cigarette conduit à la maladie sans pour autant arrêter de fumer, les dirigeants savent que la croissance s'épuise, que la crise écologique s'approfondit, et que l'énergie devient un problème, en termes tant de ressources que d'équilibre climatique. Mais ils se convainquent que la fée magique de la technologie, si généreuse depuis la sortie de l'ère néolithique, va continuer à soutenir la croissance sans que soit remis en cause le cadre idéologique du capitalisme, le néolibéralisme.

Un discret changement de paradigme technologique soutient cette conviction. Le but en est de substituer la biomasse aux combustibles fossiles, de fonder l'économie sur les ressources renouvelables des plantes, des algues, de l'ensemble du vivant, plutôt que sur les ressources épuisables léguées par les millions d'années de formation de la planète. Le principe n'en est pas mauvais, mais tout dépend des modalités d'application. Car sous le concept de « bioéconomie », alias « économie verte » ou « croissance verte », s'élabore en fait la continuation du même système, sous couvert d'une combinaison différente des technologies et de leur organisation.

En ce qui concerne les technologies, il s'agit d'appliquer à la biomasse les connaissances issues de la génétique en transformant les génomes des espèces afin d'accroître leur productivité ou pour générer des matières propres à de nouveaux usages. Biotechnologie (transformation de l'ADN des plantes) et biologie synthétique (création de nouvelles espèces) sont ainsi supposées produire des agrocarburants substituables au pétrole, accroître la production agricole, fournir de nouveaux médicaments et autres produits chimiques. Ainsi, prévoit l'OCDE qui impulse activement la « bioéconomie », « les biotechnologies assureront une part substantielle de la production économique ». La Commission européenne comme, aux États-Unis, la Maison-Blanche, ont officialisé la démarche en publiant en 2012 une « stratégie de développement » de la bioéconomie.

Par ailleurs, on s'engage dans la voie des nanotechnologies, visant à limiter la consommation de minéraux ou à améliorer le rendement des plaques solaires, et de la géo-ingénierie, censée prévenir le changement climatique en modifiant la quantité de rayonnement solaire reçue par la Terre ou en absorbant le dioxyde de carbone présent dans l'atmosphère. Une partie de ces développements, au demeurant, recourent à la biotechnologie, par exemple pour rendre certaines algues aptes à pomper le gaz carbonique.

Du point de vue de l'organisation, la bioéconomie doit se développer, selon ses promoteurs, en se conformant au modèle du marché libéré de la réglementation et régi par de grandes entreprises. Il s'agit d'appliquer les méthodes de la production de masse industrielle au monde vivant, c'est-à-dire de cultiver sur de très grandes superficies le « produit » végétal ou animal, en mobilisant peu de travail humain, mais moyennant une forte consommation d'eau et de pesticides. Elles seraient mises en œuvre par de très grandes entreprises, seules capables de gérer de telles exploitations, de s'articuler au commerce mondial et de consacrer un important budget à la recherche. Le système est déjà opérationnel au Brésil, en Argentine ou en Indonésie, pour la culture de la canne à sucre, du soja transgénique et de l'huile de palme. L'impact sur la biodiversité est considérable, et la petite paysannerie, exclue du système, s'en trouve souvent réduite aux emplois d'ouvriers agricoles ou à l'exil dans les bidonvilles des métropoles.

Il faut aussi réduire les « coûts réglementaires », selon la formule de l'OCDE. Et c'est pourquoi la stratégie de la Maison-Blanche sur la bioéconomie proclame l'« impératif stratégique » de « réformer les réglementations pour réduire les barrières ». Un autre outil essentiel à la mutation désirée est la privatisation des ressources − notamment par le biais des brevets sur les semences et sur les espèces. Cela ouvrira la voie à une gestion du vivant par le marché, dont celui du carbone européen est le prototype.

Enfin, la théorie économique prétend assurer la légitimité de l'ensemble du dispositif en popularisant le concept de « capital naturel ». Le raisonnement a été posé par un économiste britannique, David Pearce, et actualisé par un banquier indien travaillant pour la Deutsche Bank, Pavan Sukhdev, dans des termes officialisés par les Nations unies. Il distingue le capital naturel – constitué de toutes les ressources et de tous les services de l'environnement – et le capital manufacturé – constitué de tous les produits de l'activité humaine. Pour que le développement reste soutenable, poursuit la théorie, il ne faut pas que diminue le capital total, somme du capital naturel et du capital manufacturé. L'idée sous-jacente est que les deux types de capitaux sont substituables.

Dans cette optique, si l'extension du capital manufacturé est très destructrice de l'environnement, c'est parce que le « capital naturel » n'a pas de prix. Le seul moyen de protéger la nature serait donc de lui conférer un prix, en chiffrant économiquement les services qu'elle rend, et de la faire entrer en quelque sorte dans un marché. Cette monétarisation du capital naturel revient à appliquer les principes de l'économie de marché au problème de l'environnement.

Le paradigme « bioéconomique » ainsi formulé peut-il fonctionner ? Il y a toutes les raisons d'en douter. Sur le plan théorique, la conception du capital naturel envisage la nature comme un stock, divisible en unités calculables. Mais cela revient à nier que la biosphère est un ensemble global, dont la cohérence tient au métabolisme de ses interactions, et qui est sujet à des phénomènes de seuil, c'est-à-dire d'écroulement quand certains équilibres sont rompus. L'adaptation progressive envisagée par la logique du capital naturel est trop lente pour parer à ce danger d'irréversibilité.

Quant à l'expérience, elle ne plaide pas en faveur de cette stratégie. Les solutions technologiques n'apportent pas de solution à elles seules, et cela pour plusieurs raisons. D'abord par incapacité à répondre dans les temps à l'urgence qui est la nôtre, comme le relevait dès 2008, à propos de l'énergie, un rapport du National Intelligence Council, l'organisme regroupant les agences d'analyse et d'information extérieures aux États-Unis : « Toutes les technologies actuelles sont inadéquates pour remplacer l'architecture énergétique à l'échelle nécessaire, et les nouvelles énergies ne seront probablement pas viables et répandues à l'horizon 2025.» Ensuite parce que les technologies sur lesquelles on a commencé à se fonder génèrent des effets secondaires incontrôlables : la catastrophe de Fukushima ruine les perspectives d'un développement rapide du nucléaire, la multiplication à grande échelle d'herbes résistantes aux cultures transgéniques annule les avantages attendus de celles-ci, la réduction de la biodiversité des espèces cultivées ou élevées favorise les épidémies.

Le développement des nouvelles technologies se heurte fréquemment, de surcroît, à la résistance populaire. Cela oblige soit à un passage en force s'affranchissant de la délibération démocratique, soit à des négociations qui révèlent les limites des nouvelles techniques et freinent, voire empêchent, leur déploiement. Enfin, le projet bioéconomique suppose qu'il faut fixer un prix élevé au «capital naturel». Mais le marché ne le place pas spontanément à un niveau suffisant, comme le montre l'expérience du marché européen du carbone. À moins qu'il ne finisse par le fixer à un niveau suffisant quand la situation sera catastrophique, mais il sera alors trop tard.

Peu importe aux capitalistes. Leur but premier n'est pas de trouver une solution à la destruction écologique par le système économique, mais de préserver les principes de ce système. Se reposer sur des solutions techniques régies par la privatisation permet d'évacuer la question de la répartition des pouvoirs et des revenus. Et pour les pays occidentaux, de préserver une avance technique sur les pays émergents.

De surcroît, la poursuite du paradigme bioéconomique n'altère en rien la course effrénée aux hydrocarbures et minéraux dans des conditions, on l'a vu, de plus en plus coûteuses sur le plan écologique.

La lutte pour l'espace écologique

Car l'obsession du maintien de la croissance se traduit par une course mondiale visant à s'approprier la plus grande part possible de l'espace écologique. On peut définir l'espace écologique comme l'ensemble des ressources minérales, énergétiques, biologiques et hydrauliques, ainsi que la superficie cultivable et la capacité de la biosphère à absorber les rejets des activités humaines, pouvant être utilisés sans déstabiliser l'équilibre écologique global.

Jusqu'à la révolution industrielle, l'activité humaine est toujours restée très en deçà des limites de l'espace écologique planétaire. Certes, les États les plus puissants avaient la capacité de mobiliser une part plus grande de l'espace écologique global que les autres – on a vu au chapitre 2 que c'était même précisément la cause de l'envol des pays pionniers de la révolution industrielle. Mais cette appropriation de l'espace écologique restait globalement supportable – même si, à partir de la révolution industrielle, sa composante atmosphérique, l'élévation de la concentration de gaz à effet de serre, a amorcé le changement climatique. Nous sommes aujourd'hui parvenus à un point où l'espace écologique est strictement limité, et où son appropriation devient de plus en plus délicate. Elle reste essentiellement réglée par les rapports de forces entre pays.

Les États-Unis, l'Europe, le Japon continuent ainsi à importer massivement matières premières et énergétiques en acceptant que les conditions d'extraction dans les pays fournisseurs soient beaucoup plus destructrices que ce qu'ils toléreraient chez eux ; c'est un moyen d'en réduire le prix. L'exportation des produits toxiques est une autre façon d'occuper l'espace écologique, en délocalisant par exemple les nuisances attachées au démantèlement des produits électroniques usagés (exportés en Afrique ou en Chine) et des navires désarmés (au Bangladesh ou en Inde).

À cette pression toujours forte s'ajoute, depuis deux décennies, celle exercée par les nouveaux géants industriels que sont la Chine et l'Inde. Cuivre, bois, pétrole, charbon, soja, viande sont quelques-unes des matières que siphonnent insatiablement les pays émergents. Cette pompe entraîne bien sûr l'économie des pays fournisseurs – Amérique latine, Afrique, Mongolie, Asie du Sud-Est –, mais au prix d'une transformation dévastatrice des écosystèmes et d'une pollution majeure.

Une autre forme d'occupation de l'espace écologique s'est développée depuis la fin des années 2000, avec l'accaparement des terres, c'est-à-dire l'achat de grandes surfaces agricoles dans des pays pauvres pour y implanter des cultures industrielles. Le mouvement répond à la pénurie agricole qui s'annonce en Inde et en Chine, ainsi qu'aux besoins d'agrocarburants de l'Europe. Plus de 80 millions d'hectares de terres ont ainsi changé de main, soit près de 2 % des terres cultivées dans le monde. Les transactions ont surtout eu lieu en Afrique orientale et en Asie du Sud-Est, les principaux investisseurs provenant de Chine, des États-Unis, de Grande-Bretagne, d'Arabie Saoudite, de Malaisie, de Corée du Sud et d'Inde. Un quart des contrats visent à produire des agrocarburants. Et dans la moitié des cas, comme les terres sont déjà cultivées, la transaction implique l'éviction des petits paysans concernés. L'achat de ces terres, donc leur privatisation, se produit dans des pays où la propriété foncière est peu garantie, parce que fondée sur la coutume ou sur un droit fragile.

Une autre course s'engage pour l'appropriation des ressources minérales océaniques, où le progrès des techniques de forage en profondeur permet d'envisager l'exploitation de minéraux. Il s'agit aussi d'étudier les organismes en vue d'applications biotechnologiques, ainsi que la culture d'algues pour absorber du gaz carbonique. L'espace océanique est géré par l'Autorité internationale des fonds marins, mais elle accorde des permis sur la base du principe « premier arrivé, premier servi ».

L'océan et l'atmosphère représentent enfin un compartiment crucial de l'espace écologique planétaire, puisqu'ils stockent l'essentiel des gaz à effet de serre rejetés par l'activité humaine. C'est sans doute ici qu'on peut le mieux prendre la mesure de l'espace écologique : on l'a vu, certains chercheurs estiment à 700 milliards de tonnes le volume maximal des émissions possibles d'ici à 2050 si l'on veut éviter un réchauffement de plus de 2 °C. Mais dans l'incapacité où se trouve la communauté internationale de partager équitablement cet espace écologique, comme le montre l'échec du protocole de Kyoto, son « occupation » continue de plus belle, tirée par le duopole États-Unis et Chine.

Inégalités et oligarchie au sein des pays émergents

La rivalité entre les pays les plus puissants n'exprime qu'une partie de la réalité politique mondiale. Car ils sont majoritairement dirigés par des régimes autoritaires ou oligarchiques, dont les classes dirigeantes partagent une large communauté d'intérêt et souvent de mode de vie.

Le capitalisme a pris un virage en 1980 : à partir de cette date, l'inégalité a crû de manière constante dans tous les pays occidentaux, après plusieurs décennies durant lesquelles la distribution des revenus était restée stable. Au sein de ce mouvement s'est produit un second phénomène : le groupe des très riches a fait croître sa part des revenus encore plus rapidement que les « simplement » riches. Au sommet de la société s'est ainsi détaché un groupe fortement cohérent qui agit en vertu d'une logique propre, en termes de pouvoir comme de mode de vie.

Décrit au chapitre 3, le même phénomène s'est produit dans nombre de pays émergents, et notamment les plus puissants : la Chine, l'Inde, l'Afrique du Sud ont vu les inégalités progresser ; et si elles ont légèrement reculé au Brésil, en Argentine ou en Indonésie, elles demeurent dans ces pays à des niveaux très élevés. Globalement, l'inégalité dans les pays émergents, mesurée par un indicateur appelé coefficient de Gini, reste nettement plus élevée que dans les pays de l'OCDE.

Les pays du Sud vivent donc, eux aussi, des conflits majeurs, portant sur la répartition de la richesse produite, dont profite d'abord une oligarchie avide, et en vertu d'un mode de développement qui fait bon compte de la question agricole et de l'environnement. On y constate fréquemment l'opposition entre une classe dirigeante, qui s'appuie sur celles des classes urbaines dont le niveau de vie augmente, et les paysans, les prolétaires et les habitants des bidonvilles. « En Inde, le thème de l'inégalité devient central », résume le politologue Sunil Khilnani.

Au sommet de la pyramide, un groupe se distingue : il réunit les plus grandes fortunes. En Chine, selon une étude du Crédit Suisse, 24 millions de personnes disposent d'une fortune supérieure à 100 000 dollars. De son côté, la revue *Forbes* observe que, sur 1 226 milliardaires en dollars recensés dans le monde, les États-Unis occupent certes le premier rang, avec 425 personnes concernées, mais que la Chine est en troisième position, avec 95 personnes, devancée d'une unité par la Russie – le pays qui a remis en vogue le mot d'oligarques – avec ses 96 milliardaires. La firme Rolls Royce se félicitait d'avoir battu en 2011 son record de ventes de 1978, avec 3 347 voitures vendues, soulignant qu'elle en avait davantage expédié en Chine qu'aux États-Unis.

Au total, le système social est aujourd'hui organisé de telle façon dans tous les pays qu'il permet d'attribuer une grande part du produit de l'activité collective à un petit nombre de membres dirigeant la société. Et les oligarchies de tous les pays du monde forment une classe transfrontière. Celle-ci partage un intérêt commun – maintenir les conditions de leur richesse –, se conduit solidairement – ce qui n'empêche pas les rapports de forces selon l'évolution des puissances respectives – et s'appuie autant que faire se peut sur les classes riches et moyennes, qui jouissent du mode de vie occidental ou espèrent y parvenir.

Cette ligne de fracture, qui oppose les oligarchies de tous les pays – on pourrait aussi parler d'oligarchie mondiale – aux peuples sujets, paraît aussi importante que celle qui sépare le « Nord » et le « Sud ». L'inégalité entre pays reste, bien sûr, un phénomène essentiel au regard du rééquilibrage entre les parties du monde qu'impose la contrainte écologique, mais elle recouvre une inégalité majeure au sein de toutes les sociétés. Le rééquilibrage ne pourra se réaliser que si l'inégalité est corrigée à l'intérieur de chaque pays.

Dans les années précédant la Révolution française de 1789 se produisit en France ce que les historiens appellent la « réaction aristocratique » : la noblesse se ligua pour défendre l'ordre social qui organisait ses privilèges et assurait sa situation matérielle. Tout indique que l'histoire se répète : avec la stratégie du choc, l'oligarchie d'aujourd'hui se crispe devant la montée des tensions entraînée par les inégalités, l'épuisement de la croissance et l'impasse écologique. La situation présente a même sa reine Marie-Antoinette, à qui la légende attribue cette phrase, adressée au peuple en colère : « Ils n'ont pas de pain. Qu'ils mangent de la brioche ! » Il s'agit de Christine Lagarde, directrice du Fonds monétaire international, qui accusait il y a peu les Grecs de « tenter en permanence d'échapper à l'impôt », alors qu'elle-même, en tant que fonctionnaire international, ne paye pas de taxe sur ses 380 000 euros de traitement annuel...

Le recours à la violence

La combinaison des tensions rend plausible une issue par la violence, fruit de la rapidité même des transformations économiques intervenues au cours des dernières décennies : elles ont accru les inégalités, excité la rivalité ostentatoire, exacerbé l'individualisme et l'isolement, séparé les uns dans des bidonvilles ou quartiers pauvres, les autres dans des banlieues résidentielles protégées. Ainsi se propagent la méfiance, la peur et le ferment de la violence civile.

Le thème de la « sécurité » devient une obsession du débat public, instrumentalisé sans vergogne par les classes dirigeantes, avec d'autant plus de légitimité apparente que la déchéance organisée des plus pauvres produit mécaniquement la délinquance. Au demeurant, l'incarcération massive des contrevenants à l'ordre social garantit la reproduction contrôlée du désordre. Le marché de la « sécurité », c'est-à-dire de la répression, est même devenu un secteur économique fructueux, dont le chiffre d'affaires connaît un taux de croissance dans le monde de 7,5 % par an. Les États-Unis – champions du monde de cette amère compétition, avec plus de 2 millions de détenus – ont ouvert un nouveau marché, puisque les prisons y sont fréquemment privatisées.

Mais l'inquiétude sécuritaire ne suffit pas à éteindre le ressentiment populaire né du spectacle de la corruption des élites ou des difficultés économiques. Tout est alors fait pour détourner la colère croissante vers l'étranger, en stimulant les réflexes xénophobes et les rivalités nationales. Il faut que chacun se convainque que les difficultés viennent de l'extérieur, s'expliquent par la méchanceté des puissances rivales ou par l'invasion des pauvres hères qui volent l'emploi aux travailleurs indigènes.

La méfiance à l'égard de l'étranger n'est certes pas une création de l'oligarchie. Elle semble même une composante naturelle de l'esprit de l'homme, cet animal social. Mais elle n'est ni exclusive ni naturellement dominante, et c'est un choix politique d'exciter ce sentiment. Un choix devenu suffisamment récurrent pour ne pas être de circonstance, comme en témoignent ces milliardaires américains soutenant financièrement le Tea Party aux États-Unis, mais aussi l'ex-président français Sarkozy jouant éhontément de la xénophobie au cours de sa dernière campagne électorale, ou les industriels indiens fermant naguère les yeux sur les exactions du parti xénophobe hindou BJP. L'opération est risquée dans les pays de tradition démocratique, parce qu'elle peut conduire au fascisme, à l'instauration d'un système politique qui ne s'embarrasserait plus du manteau des institutions parlementaires. Mais l'oligarchie sait bien que la démocratie et le capitalisme sont devenus incompatibles, puisque la première s'intéresse à l'intérêt général quand le second se concentre sur un intérêt particulier.

Dans les pays au régime autoritaire, comme la Chine, la contradiction est exposée sans fard par le milliardaire et membre du Parti communiste Wang Jianlin : « Si les règles de droit étaient aussi développées en Chine qu'en Occident, il y aurait moins d'opportunités et la croissance ne dépasserait pas 3 %. » On ne saurait mieux dire que la répression des libertés est devenue une condition de la poursuite de la croissance économique.

Un autre thème grâce auquel l'oligarchie sait pouvoir orienter la conscience populaire – avec d'autant plus d'efficacité qu'elle contrôle les grands médias de masse, dans les pays autoritaires comme dans les pays dits démocratiques – est le nationalisme. Et là aussi avec une légitimité apparente puisque la logique même de la course économique conduit à chercher à s'assurer à tout prix des ressources naturelles. Une dérive guerrière pourrait aussi surgir des effets de la crise écologique, si le changement climatique entraîne des mouvements massifs de population à la recherche de cieux plus cléments.

Bref, les risques de confrontation militaire s'accroissent, aiguisés par l'accumulation d'armements, particulièrement aux États-Unis. L'oligarchie mondiale pourrait ainsi nous entraîner dans une spirale incroyablement destructrice. On ne saurait oublier qu'au XXᵉ siècle, les rivalités impérialistes ont conduit à deux guerres mondiales ravageuses.

La gauche et le nouvel avenir

Le nouveau paradigme de la politique des pays occidentaux est qu'ils doivent renoncer à l'accroissement matériel s'ils veulent rester prospères. Sinon, l'essentiel de leurs efforts sera consacré à se défendre des assauts inévitables de leurs rivaux et à s'adapter aux dommages écologiques de plus en plus nuisibles.

La politique de droite, que l'on peut assimiler à celle de l'oligarchie, se résume à la stratégie du choc et à la bioéconomie, avec pour conséquence l'inévitable spirale de la violence.

La situation est plus complexe pour les partis dits de gauche. Pour la clarté du raisonnement, on va supposer qu'ils n'ont pas partie liée à l'oligarchie, ce qui est pour plusieurs une simplification abusive. D'abord, il leur faut rompre avec le principe qui guidait l'essor de la démocratie depuis le XVIIIe siècle, à savoir l'idée que le progrès de l'émancipation humaine s'accompagne du progrès des conditions matérielles.

Au XIXe siècle, le mouvement ouvrier était animé par une vibrante espérance : l'exploitation capitaliste était certes terrible, mais la conviction était forte que si l'on organisait autrement la société, notamment en renversant l'injustice de classes, un « avenir radieux » était possible. Conjuguée à une vision optimiste du développement de la science et de la technique, vision que le mouvement socialiste partageait avec la bourgeoisie, cette anticipation d'une société idéale a nourri un sentiment utopique largement partagé.

La situation dans laquelle nous nous trouvons au XXIe siècle est inverse. Malgré la dureté des temps pour beaucoup des habitants de cette terre, la situation matérielle est meilleure qu'elle ne l'était au XIXe, et même sans commune mesure dans les pays riches. En revanche, la vision de l'avenir est beaucoup moins optimiste, car l'inégalité au niveau mondial rend inacceptable l'augmentation du niveau de vie matériel occidental. Et du fait de la crise écologique, la perspective essentielle devient d'éviter la catastrophe. La gauche ne doit donc plus viser un état idéal pour l'humanité de demain, mais le maintien des conditions permettant de rendre possible la préparation d'un état idéal pour après-demain.

Est-ce une perspective pessimiste ? Elle est réaliste. Elle rompt avec d'anciennes mythologies et se libère des illusions aliénantes propagées par les médias et la publicité de l'oligarchie. La vérité est toujours émancipatrice. Le projet n'est pas moins dense et grave que l'utopie d'antan : il s'agit d'accomplir la mutation de l'humanité vers un nouveau monde – le passage du néolithique au biolithique.

7

Les chemins de la mutation

Des possessions matérielles au bien-être

La réduction de la consommation matérielle dans les pays occidentaux est une évolution à la fois inévitable et souhaitable. Mais comment réduire la consommation matérielle dans les sociétés riches sans diminuer leur bien-être ? Cette question régénère le problème politique : il ne s'agit plus de répartir l'abondance, l'enrichissement sans fin promis par la croissance, mais d'*organiser la sobriété*.

Cette mutation extraordinaire est si contraire à la culture dominante en société de consommation qu'il est peu probable que les choses aillent sans heurts.

Les classes dirigeantes s'engagent sur la voie de la stratégie du choc assortie d'un choix intégralement technologique.

Mais une alternative est possible, inspirée par le souci de l'intérêt général, et visant à faire en sorte que ce que l'on perd en satisfaction matérielle soit compensé par un meilleur accès aux biens collectifs, dont l'esprit serait renouvelé.

C'est un choix difficile à faire pour la gauche. Car elle est imprégnée, comme tous les habitants des pays occidentaux, de la propagande – notamment par voie de publicité – qui a modelé depuis des décennies la conscience collective, et de l'individualisme exacerbé par trente ans d'un capitalisme sans adversaire. Comme tous les membres de la société de consommation, elle peine à dissocier l'amélioration des conditions d'existence de l'accroissement des biens matériels disponibles. La gauche doit choisir entre la conservation oligarchique et la politique écologique. L'argument implicite des conservateurs est d'observer que le pire n'est pas arrivé, et que, cahincaha, le système se maintient. Celui des écologistes est d'affirmer que nous atteignons des seuils dont le franchissement aura des conséquences irréversibles. Par exemple, si la fonte du Groenland s'enclenche, la montée du niveau des mers qui s'ensuivra sera de plusieurs mètres. La faiblesse de leur argument, bien sûr, est qu'ils ne peuvent dater ces seuils.

Mais l'ampleur des conséquences possibles interdit de tergiverser. Il faut choisir entre les deux positions.

La « gauche », d'ailleurs, est-elle seule concernée ? Pourquoi ne pas en appeler, plus largement, à l'ensemble de ceux qui sont préoccupés du bien commun et de l'avenir pacifique de l'humanité, et qui ne se reconnaissent pas toujours dans cette tradition politique ? Peu importe, au fond : l'essentiel est que se reconnaissent et travaillent ensemble ceux qui placent la justice sociale au cœur de leur démarche et de leur représentation d'un monde en paix. C'est parce que l'inégalité planétaire n'est pas durablement supportable qu'il faut choisir la réduction de la consommation matérielle dans les pays riches plutôt que la subir.

Les trois axes du post-capitalisme

La situation actuelle est paradoxale. Critiquer ouvertement le capitalisme est le plus sûr moyen de se marginaliser, discuter de la sortie du capitalisme est considéré comme irréaliste, tout se passe comme si ce système économique était éternel. Ainsi que l'écrit ironiquement Slavoj Zizec, « nous pouvons facilement imaginer l'extinction de la race humaine, mais il est impossible d'imaginer un changement radical du système social – même si la vie sur terre disparaît, le capitalisme restera d'une façon ou d'une autre intact ». L'aggravation des désastres écologiques et la déconfiture du système financier depuis 2007 n'empêchent pas que la même classe dirigeante se maintienne insolemment au pouvoir. On confie aux voleurs la clé du trésor : la Banque centrale européenne est dirigée depuis 2011 par un ancien de la banque Goldman Sachs... qui a aidé à maquiller les comptes de la Grèce, et les cabinets des gouvernements des deux côtés de l'Atlantique sont peuplés de banquiers ou de représentants des grandes entreprises. Cette stupéfiante continuité est la manifestation éclatante de la dérive de la démocratie dans les pays riches vers le régime oligarchique, que j'ai décrit dans un précédent ouvrage.

Mais cela n'est possible que parce que la gauche ne fonde pas son action sur une perspective claire, n'a pas réellement intégré la dimension historique de la crise écologique, n'a pas tiré la conséquence de la grande convergence qui bouleverse la société humaine, et ne parvient plus, n'ose plus affirmer que les conditions nouvelles de l'époque imposent que nous nous déterminions en fonction du bien commun planétaire et de la solidarité internationale.

Puisque le capitalisme ne regarde pas dans cette direction, le conflit des systèmes de valeur s'impose. La gravité de la situation écologique appelle une politique à sa mesure.

Celui qui prend ici la parole reconnaît ne disposer d'aucune recette magique pour se libérer du régime oligarchique. Il est même ébahi de constater la capacité de l'oligarchie à tenir aussi fermement tous les leviers de commande en dépit de ses échecs successifs et toujours plus évidents. La lutte politique est la seule ressource dont nous disposions pour la faire reculer.

Celle-ci se heurte néanmoins à la difficulté de rendre lisibles les logiques de domination auprès d'une opinion publique massivement et habilement conditionnée par les médias oligarchiques. L'autre difficulté majeure, et apparemment insurmontable, est que les luttes politiques s'expriment essentiellement dans le champ national, alors que le système oligarchique se déploie à l'échelle internationale. Les « marchés » auxquels sont toujours confrontées les politiques particulières sont internationalement organisés pour fondre collectivement sur l'État qui prétendrait échapper à leur diktat.

Une prédiction qui n'est pas la plus pessimiste considérera que seul le désastre dans lequel nous entraîne l'oligarchie ouvrira la porte d'une autre politique. Il sera essentiel alors que soient disponibles pour l'action les idées et les outils susceptibles de reconstruire la société disloquée. Et c'est pourquoi il n'est pas vain de les formuler.

La politique à mener n'a, dans son principe, rien de mystérieux. Elle s'ordonne selon trois axes : reprendre la maîtrise du système financier, réduire les inégalités, écologiser l'économie.

La priorité absolue, économique et politique, est la reprise du contrôle des marchés financiers, des banques et de la création monétaire. Le système monétaire est aujourd'hui confié à des intérêts privés, comme le reconnaît un éditorialiste « néolibéral » du *Financial Times* : « La nature du système monétaire contemporain est la création d'argent à partir de rien au travers de prêts souvent irresponsables consentis par des banques privées. » Celles-ci ont pour but le profit maximal et disposent du soutien des banques centrales et de la majorité des instances politiques : tout est donc organisé, dans les pays occidentaux, pour que la gestion de l'argent opère à l'encontre de l'intérêt général.

Rien ne pourra se faire tant que les peuples n'auront pas desserré l'étreinte mortelle des griffes de cette internationale du capital.

La reconstruction d'un système financier au service des peuples devra s'organiser selon trois composantes :

– un système monétaire international libéré du dollar et fondé sur un panier de monnaies faisant place aux devises des pays émergents et à des unités reflétant la situation écologique, telle peut-être qu'une unité relative aux réductions d'émissions de CO_2 ;

– des aires monétaires régionales supervisées par des banques publiques rendant compte aux États ou aux fédérations régionales d'États ;

– la création de monnaies complémentaires mises en œuvre à l'échelle locale des villes ou des régions qui le voudront.

Étant ainsi progressivement libérés du fardeau de la dette, les États devront en revanche ne pas en recréer : la réduction globale de la consommation matérielle suppose de ne pas soumettre les budgets au déficit.

Le deuxième axe de la nouvelle politique est la réduction des inégalités. Il est en effet indispensable de changer le modèle culturel de surconsommation défini par l'oligarchie, qu'elle projette sur toute la société et qui en définit la normalité. Réduire la consommation suppose qu'on ne soit plus confronté sans cesse au spectacle du gaspillage ostentatoire des plus fortunés – avions, yachts luxueux, voitures rapides, etc. –, qui sont un exemple délétère de pollution insouciante.

L'équité est, d'autre part, indispensable pour recréer un sentiment de solidarité : les classes moyennes n'accepteront pas de réduire leur consommation matérielle si cet effort n'est pas le fruit d'une politique équitablement partagée. Enfin, il faut récupérer la partie de la richesse collective que se sont appropriée les riches, afin d'améliorer le sort des plus pauvres et financer la réorientation de l'économie. Depuis trente ans, la politique fiscale menée dans les pays fortunés a systématiquement réduit les impôts sur les revenus élevés et les profits des entreprises, tandis que toutes sortes de dispositifs d'évasion fiscale leur facilitaient le vol de la richesse collective. Ce sont en vingt ans de 5 à 10 % du PIB qui ont ainsi été transférés, dans les pays de l'OCDE, des revenus du travail vers les revenus du capital.

Troisième axe, écologiser l'économie. Préserver les chances de l'avenir implique de modérer rapidement l'impact de l'activité économique sur la biosphère. Malgré les progrès de la technologie, la croissance économique, on l'a vu, implique un fort dégât environnemental. Dès lors, la recherche de l'«état stable» de l'économie (conceptualisé par l'économiste Herman Daly et modélisé, plus récemment, par Peter Victor) est souhaitable : il s'agit de tendre vers une situation où les activités humaines pourraient se déployer pleinement sans être assujetties à une augmentation constante de la production matérielle. L'un des mots d'ordre qui devraient en résulter : économie drastique des ressources énergétiques et matérielles.

Abolir le chômage

Une des caractéristiques les plus déconcertantes du monde moderne est l'invention du chômage, cette situation aberrante qui laisse en permanence une large partie de la population sans emploi. Le problème n'est pas seulement économique. Il reflète aussi une organisation de l'indignité collective, puisque au sentiment d'impuissance qui naît chez le chômeur s'ajoute l'érosion de l'estime de soi dans une société qui, paradoxalement, valorise plus que jamais le travail.

Autrefois, les gens connaissaient des périodes de moindre besogne, essentiellement durant la morte saison agricole. Ils vivaient certes dans des conditions d'extrême frugalité, et souvent misérables, mais chacun trouvait à s'occuper et assumait une fonction témoignant de son appartenance à la société. Mais de la même manière que les sociétés occidentales se sont habituées à trouver normal qu'un grand nombre de leurs membres dorment dans la rue, « sans domicile fixe », elles en sont venues à considérer comme un fait de nature qu'un grand nombre de personnes soient privées d'emploi.

Cette mécanique d'exclusion s'est élargie à l'échelle mondiale. Dans de nombreux pays, particulièrement en Afrique, une grande partie de la population se trouve *de facto* sans emploi productif, seulement occupée à s'assurer par la débrouille les moyens incertains de sa survie quotidienne.

Un autre caractère extraordinaire du rapport au travail des sociétés capitalistes du début du XXIe siècle est que les jeunes ont le plus de difficultés à trouver un emploi. À l'inverse de tout ce que semblent indiquer la préhistoire et l'histoire, les forces vives de la société sont tenues à l'écart des tâches qui fondent la pérennité de la société. La cupidité oligarchique se double d'un égoïsme générationnel. Les vieux refusent leur place aux jeunes.

Or l'évolution du capitalisme aggrave cette situation. Elle conduit à une robotisation accrue des processus productifs, et même informationnels, dans l'optique d'en finir avec le travail, qui obère le taux de profit. La société japonaise Canon a ainsi annoncé que, « pour réduire les coûts », elle préparait la mise sur pied d'une usine de fabrication d'appareils photo qui serait entièrement robotisée, sans aucun employé. De même, Amazon a racheté à prix d'or la firme de robotique Kiva Systems dans le but de robotiser la recherche des articles à livrer depuis ses immenses entrepôts. L'automatisation du travail engagée dans les processus productifs signifie que, après avoir radicalement réduit le travail agricole, le capitalisme s'apprête à radicalement réduire le travail industriel. Il prépare la déqualification progressive d'une large part de la population, ce qui rendra encore plus infranchissable le gouffre séparant le monde des exclus de celui des possédants et de leur domesticité.

Contre cette évolution mortifère, il faut proclamer qu'il est vital et possible d'abolir le chômage, afin que chacun trouve une occupation utile à la société et qui lui confère la dignité et les moyens autonomes de son existence.

L'agriculture, des millions d'emplois à créer

Il faut ici avancer une idée tellement iconoclaste qu'elle n'est non seulement pas considérée ou examinée par les économistes officiels et autres décideurs, mais même pas entendue. En effet, comme les géographes des temps reculés qui croyaient que la Terre était plate, les économistes au service de l'oligarchie sont imprégnés de la croyance répandue par le prophète Rostow que le sens de l'histoire ne peut aboutir qu'à la suppression du travail agricole : dans l'étape numéro 3 du développement, la productivité agricole augmente et des travailleurs sont ainsi rendus disponibles pour engager le processus industriel. Ainsi parlent les Tables de la Loi, et les prêtres de la religion capitaliste s'inclinent.

Eh bien, si cela a été vrai durant la révolution industrielle, cela ne l'est plus dès lors que l'on intègre l'écologie dans le raisonnement. Réduction des ressources, tension démographique, consommation d'énergie massive de l'agriculture industrielle, tout indique que le modèle d'une agriculture de masse utilisant peu de travail mais beaucoup d'énergie, d'eau, de pesticides et d'engrais chimiques n'est plus adapté au monde nouveau. De surcroît, dans les périodes récentes, l'exode rural a moins souvent été provoqué par l'augmentation plus ou moins spontanée de la productivité agricole que par des politiques délibérées d'affaiblissement de l'économie paysanne visant à alimenter en main-d'œuvre les métropoles que l'on avait choisi de développer. Il s'agit aussi de générer de substantiels profits par la spéculation foncière sur les terres situées à proximité des villes. Le processus est très net en Chine et en Amérique centrale, mais tout autant aux États-Unis et en Europe depuis 1980, où s'est poursuivie la destruction de la petite et moyenne paysannerie. Plus globalement, l'imposition du libre-échange généralisé depuis trente ans relève du choix délibéré et conscient d'affaiblir les économies agricoles les plus fragiles – l'Afrique paye chèrement le prix de cette politique inspirée par l'idéologie.

La nécessité de soutenir la petite paysannerie dans les pays du Sud est maintenant pleinement reconnue par les agronomes internationaux : soutien à l'agriculture vivrière plutôt qu'à la culture d'exportation, agroécologie, valorisation des savoirs locaux, accès aux marchés régionaux, protection douanière à une échelle plurinationale, sont dans les textes proclamés comme autant de priorités – sans que cela se traduise dans la réalité, où la logique dominante se poursuit et se renforce même avec les accaparements de terres.

La problématique n'est pas propre aux pays pauvres, elle se pose avec autant d'acuité dans les pays du Nord, et quasi dans les mêmes termes. Il faut ici aussi en finir avec une politique axée sur un petit nombre d'exploitations très productives – mais largement subventionnées –, grandes consommatrices d'eau et d'intrants. Et l'agriculture recèle bel et bien un important potentiel de création d'emplois. Combien exactement ? 3 millions en Europe, si l'on en croit une coordination d'associations et d'experts. Quelles sont les mesures à mettre en œuvre pour y parvenir ? Des offices fonciers publics pour empêcher la spéculation foncière et permettre que de jeunes agriculteurs disposent de terres pour se lancer ; une réorientation des politiques et des subventions agricoles en vue de favoriser des méthodes environnementales ; un contrôle des marges des circuits de distribution.

Ce dernier point est essentiel sous plusieurs aspects : d'abord, les grandes entreprises commerciales disposent d'une puissance d'achat énorme qui leur permet d'imposer leurs prix aux fournisseurs ; en pratique, elles s'approprient la plus-value agricole. Ensuite, elles sont au cœur des circuits de corruption locale et de spéculation foncière. Elles induisent aussi des modes de consommation de masse axés sur le transport lointain et écologiquement très dommageables. Enfin, les grandes entreprises commerciales détruisent l'emploi des petits commerces. La réforme des circuits de distribution révélera un autre potentiel important de créations d'emplois.

Cette mutation de l'emploi agricole est cohérente avec l'objectif de réduction de la consommation matérielle. C'est ce qu'a bien montré une analyse des scénarios alimentaires mondiaux à l'horizon 2050 menée par des agronomes français. Ces experts ont confronté deux scénarios : l'un prévoit la poursuite et la diffusion du système agro-industriel dominant, avec extension des terres cultivées et développement de la biotechnologie ; l'autre imagine une « agroécologie » utilisant plus de travail et moins d'intrants, au moyen de solutions agronomiques enracinées dans les écosystèmes locaux.

Le clivage découle en fait du mode de consommation alimentaire de référence : dans le premier scénario, le monde reste inégal (plus de 4 000 kilocalories par jour et par habitant dans les pays riches, moins de 3 000 dans de nombreux pays du Sud), même si la production globale augmente (+ 70 %) ; dans le second, tous convergent vers un niveau de 3 000 kilocalories par jour et par habitant, si bien que la production globale n'a besoin d'augmenter que de 30 %.

Enfin, si le destin de l'agriculture est crucial du point de vue de l'avenir du monde, c'est encore pour une autre raison. Le bien-être de l'humanité va dorénavant reposer sur son habileté à mobiliser à bon escient les ressources de la biosphère, à exploiter sans les détruire les richesses immenses qu'offre ce que les Occidentaux appellent « la nature », à épouser la biodiversité sans la violenter. Il s'agit de tourner la page de la révolution néolithique – cette exploitation efficace des ressources mais insouciante des régulations de la biosphère –, d'accomplir la révolution industrielle pour nous engager dans l'ère biolithique, où l'espèce humaine prospérera en accord avec les autres espèces vivantes de la planète. Celles-ci ne procureront pas seulement des biens alimentaires à l'humanité, mais aussi des ressources énergétiques, chimiques, médicamenteuses. Le paysan sera un acteur essentiel de ce nouveau stade technique, qui devra cependant être piloté par l'intérêt commun, et non par celui du profit privé.

Les emplois de la sobriété intelligente

Si l'agriculture doit regagner dans tous les pays une part significative de l'emploi global, l'emploi industriel ne disparaîtra pas pour autant. Mais il subira des transformations importantes, liées à la réorientation de nombreuses activités en fonction de l'impact écologique et de l'utilité sociale : tout ce qui touche à l'énergie et aux transports, notamment, s'en trouvera bouleversé. Une autre mutation importante se produira du fait que l'idéologie du libre-échange ne présidera plus aux échanges mondiaux.

D'une part, l'intégration du coût écologique du transport international, notamment aérien, devra conduire à en réduire le flux ; d'autre part, l'instauration progressive de normes internationales quant au respect de l'environnement freinera le commerce des produits dont l'avantage compétitif découle de l'exploitation maximale du travail au mépris des pollutions engendrées.

L'entreprise de réduction des consommations matérielles et énergétiques sera, par ailleurs, une importante source de travail. Il est bien établi qu'une politique généralisée d'économies d'énergie dans le bâtiment peut générer des centaines de milliers d'emplois. D'autres domaines devraient susciter l'attention. La réparation et la maintenance des infrastructures – qui ont été multipliées de façon démesurée à seule fin de soutenir un fort taux de croissance – exigeront, par exemple, une masse de soins très importante. La restauration des écosystèmes dégradés deviendra elle aussi une activité significative, comme tout ce qui concerne le recyclage et la récupération.

Globalement, dans la mesure où la plupart des modes de production écologiques requièrent plus de travail que les pro-

ductions polluantes, une politique environnemen
nature créatrice d'emplois.

La réduction de la consommation matérielle sera par ailleuis
compensée par un développement des services collectifs les
plus utiles au bien-être, comme l'éducation, la santé, les soins
aux personnes âgées. Ce sont les domaines mêmes que prétend
réduire l'oligarchie, afin de « comprimer les dépenses », politique suicidaire pour les sociétés puisque l'éducation, en particulier, est au cœur du bien-être et de la puissance futurs de
tous les groupes humains.

Même la culture verra élargir son domaine d'emplois : est-il
absurde d'imaginer que des citoyens moins aliénés par la télévision délaisseraient celle-ci pour venir assister aux nombreux
spectacles – théâtre, lectures, concerts, conférences, bateleurs,
conteurs, clowns, poètes et autres agitateurs du rêve et de
l'intelligence – que susciterait le nouvel état d'esprit ?

Enfin, toute politique post-capitaliste de l'emploi organi-
sera le partage du travail et la réduction du temps de travail.
Les capitalistes organisent cette réduction, mais de la pire
manière qui soit, à savoir par le chômage et la précarisation
généralisée. Il faudra reprendre la main, de telle façon que
les progrès de la productivité qui conduisent à la réduction
du temps de travail ne soient pas accaparés par le capital au
moyen du chômage – qui contraint les salaires –, mais par un
partage du travail collectivement délibéré. Au reste, comme
on va le voir, le changement d'analyse de ce qu'est la productivité conduira à reposer la question du temps de travail de
manière nouvelle.

Du rationnement des biens matériels
à l'abondance des biens communs

Demeurant à l'ouest de l'Europe, celui qui parle ignore dans quelle mesure l'anecdote qu'il va relater est généralisable. Mais voilà : il cherche un yaourt dans un supermarché. Le yaourt est une préparation à base de lait (de vache, le plus souvent) égoutté et non fermenté. Il a été inventé il y a plus de deux millénaires en Turquie, et s'est répandu dans de nombreux pays. Mais il est très difficile de trouver un simple yaourt dans le rayon des produits laitiers des supermarchés. Car ceux-ci proposent, sur plusieurs étagères, des dizaines de sortes de desserts laitiers, différant selon la préparation (crémeuse, battue, fouettée), le taux de matière grasse, la composition (mélange ou ajout avec diverses crèmes), le goût (fruité, chocolaté, caramélisé, etc.), l'emballage. Il faut une longue recherche avant de dénicher les pots de simple yaourt. On ne sait si la prolificité désarmante des produits laitiers en France est le signe d'une inventivité propre à l'industrie agro-alimentaire de cette contrée ou reflète le fait que le yaourt présente un taux de profit trop faible pour qu'on s'en contente. Mais elle témoigne assurément qu'une réduction de cette variété n'entamerait guère le bien-être du consommateur.

Le sens de cette anecdote ? Qu'il nous faut être concret. Et se demander ce que signifie en pratique la réduction de la consommation matérielle dans les pays riches. Certes, une moindre variété des desserts proposés par l'industrie agro-alimentaire. Et bien au-delà, la réduction du nombre d'unités et même de types d'objets possédés par les membres des classes moyennes ou supérieures : plusieurs postes de télévision par foyer, l'absorption quotidienne de nombreux médicaments, une piscine privée, une ou plusieurs automobiles, des fours à micro-ondes, presse-agrumes, grille-pain, machine à laver la vaisselle, flacons de déodorant et autres après-rasage – la liste est inépuisable de l'assortiment incommensurable de gadgets et objets dont s'embarrasse l'humain des pays riches, objets d'autant plus encombrants que leur vitesse d'obsolescence est rapide, que cela soit par l'effet du renouvellement technique ou de la mode façonnée par les modèles propagés par la télévision et les médias. On ne saurait omettre de mentionner l'absorption quotidienne de plusieurs litres de soda ou de café tiède – une particularité culturelle nord-américaine –, l'ingestion de kilogrammes de viande, une alimentation trop riche en graisses, en additifs et en sucres, une boulimie de confiserie stimulée dès le plus jeune âge par la publicité, etc.

Comment réduire la consommation matérielle ? Dans un grand nombre de cas, cette réduction découlera de choix politiques clairs et délibérés. Par exemple, la publicité télévisée en faveur des produits sucrés visant les enfants ne répond à aucun intérêt économique collectif et aggrave au contraire les dépenses de santé ; elle n'est encore autorisée dans la majorité des pays riches qu'en vertu de la puissance des lobbies qui la promeuvent. Dans d'autres cas, notamment l'eau et l'énergie, on utilisera la tarification progressive, en imposant un prix d'autant élevé que le niveau de consommation est important. La réduction des avantages fiscaux favorisant une consommation importante de produits polluants est aussi un instrument profitable, tant pour l'environnement que pour les finances publiques : par exemple, le développement du trafic aérien à bas coût est largement lié à des conditions fiscales très avantageuses.

De surcroît, la politique de réduction des inégalités adoptée par ailleurs réduira spontanément l'impact environnemental de la consommation matérielle. En effet, de nombreuses études montrent le lien qui existe entre l'inégalité économique et la pollution, les émissions de gaz carbonique, notamment, étant proportionnelles au niveau de revenu. Quant à la réduction des autres types de consommation matérielle, elle devra découler du débat démocratique, des normes environnementales qui pèseront sur le prix des objets, et de l'évolution des comportements, fruit du changement des esprits et des critères du prestige.

En fait, une société parvenue à maturité matérielle n'a guère besoin d'objets nouveaux, et il sera plus aisé qu'on l'imagine de tailler dans la masse immense des produits entassés par habitude ou par la force de la publicité. En revanche, une telle société est beaucoup plus intéressée aux services de relations et de soins, qui s'adressent à l'être lui-même dans la plénitude de ses possibilités de réalisation : éducation, santé, culture, formation. Moins de biens, plus de liens.

Le capitalisme invite au contraire à l'abandon de la gestion publique des services collectifs (éducation, santé, retraite, transports, environnement), afin de les transformer en biens marchands. L'acquisition de ceux-ci dépend dès lors de la capacité à payer de chacun. Mais quand le prix des biens devenus marchands s'accroît davantage que la capacité des consommateurs à payer, ces derniers s'appauvrissent. Tel est le phénomène à l'œuvre aujourd'hui. Une politique visant à rendre accessibles à tous ces biens communs enrichira donc la communauté, ce qui viendra compenser la réduction de la consommation matérielle.

Elle contribuera de surcroît à la paix civile, qui est le nom exact de ce qu'en langage courant on appelle « la sécurité » : car l'insécurité naît essentiellement de la frustration de ceux qui sont exclus de ce qui constitue la dignité humaine, à savoir l'éducation, la participation équitable à la richesse collective, une position honorable dans la pyramide sociale. D'autres bénéfices collectifs naîtront de la politique d'enrichissement des biens communs, par exemple de la réduction des dépenses de santé, dont une part découle de la mauvaise alimentation, de l'exposition à des produits chimiques toxiques et d'une pratique exagérée de la télévision.

D'un côté, donc, la répartition des revenus sera corrigée pour réduire les inégalités. De l'autre, une nouvelle répartition des activités sera mise en œuvre : la baisse de la consommation matérielle et énergétique réduira le volume de celles qui ont un impact écologique néfaste, tandis que l'on développera les services collectifs et les biens communs. Ceux-ci incluent l'état de la biosphère, c'est-à-dire l'équilibre du climat, la santé des écosystèmes, le maintien de la bio-diversité.

Abandonner le PIB

S'émanciper du dogme de la « croissance » suppose non seulement de modifier l'indicateur sur lequel elle s'appuie, le produit intérieur brut (*Growth domestic product*), mais d'y renoncer. Rappelons – parce que les responsables politiques et les journalistes emploient le mot « croissance » comme s'il était synonyme d'« économie » – que la croissance économique est synonyme d'augmentation du PIB. Critiquer la croissance revient donc à critiquer le PIB. Et sortir de la croissance implique d'abandonner le PIB.

Les défauts du PIB sont tellement connus qu'il n'est guère besoin de s'étendre à leur propos. Le principal, et qui rend cet indicateur inapte à guider la politique nécessaire à notre époque, est qu'il ne rend pas compte d'un effet majeur de l'activité économique, son impact sur l'environnement. Comme l'avenir du monde repose sur la capacité de l'humanité à maintenir l'équilibre de la biosphère, toute augmentation du PIB signifie en réalité l'affaiblissement de cette capacité vitale.

Pourquoi le dogme maintient-il avec autant d'acharnement un instrument aussi biaisé et dangereux ? Serait-ce en raison d'une corrélation du bien-être avec la croissance du PIB ? Les études ont clairement démontré qu'au-delà d'un certain seuil de revenu, au demeurant assez bas selon les critères occidentaux, le bien-être stagne, voire régresse, avec l'augmentation du PIB. S'agirait-il du lien entre la croissance du PIB et le niveau de l'emploi ? Son automaticité n'est plus du tout assurée – sauf à des niveaux de croissance trop élevés pour être écologiquement supportables.

Pourquoi dans ces conditions l'objectif de la croissance conserve-t-il une telle force au sein de l'oligarchie et des médias ? Parce que la « croissance » remplit désormais deux fonctions. La première est de dissimuler l'évolution de l'inégalité. La croissance, en augmentant le niveau matériel moyen, rend insensible et presque invisible le fait qu'une petite fraction de la population s'arroge une part plus que proportionnelle de l'enrichissement global.

La deuxième fonction est purement comptable, dans les pays européens et les États-Unis, paralysés par l'état de leurs finances publiques : alléger le poids relatif de la dette. En effet, augmenter le PIB accroît à proportion les recettes fiscales et facilite le paiement des intérêts de la dette publique. Si, en revanche, le PIB régresse, le poids relatif de la dette s'alourdit et rend la situation intenable. La solution serait de remettre en cause la partie illégitime de cette dette, de faire la chasse à l'évasion fiscale et de réduire drastiquement l'inégalité en frappant les hauts revenus. Mais cela supposerait que l'on s'attaque aux marchés financiers, ce qui est inconcevable dans l'esprit des dirigeants du régime oligarchique que sont devenus les pays occidentaux. Ils s'obstinent donc à chercher la croissance, et restent attachés au PIB comme à une relique des plus sacrées. Les médias et les journaux économiques, aux mains des puissants, ressassent jour après jour le dogme à l'intention des opinions publiques.

Tout aussi importante, et insuffisamment discutée, est la nécessité de remettre en cause le concept de productivité du travail. Celle-ci, rappelons-le, rapporte la production au travail investi pour la réaliser. Son augmentation est considérée par les économistes comme un bien en soi. La productivité du travail est un concept frère de celui du PIB, et la croissance de l'un est habituellement associée à celle de l'autre. En réalité, c'est un indicateur très trompeur puisqu'il ne tient pas compte de l'énergie investie ni des dégâts environnementaux causés par la production. D'ailleurs, les économistes emploient généralement le mot de « productivité » sans autre précision : il est évident que, pour eux, il s'agit de la productivité du travail, à l'exclusion de tout autre paramètre.

L'abandon de la recherche de gains de productivité du travail est la clé de la nouvelle économie écologique, qui pose comme objectif de réduire l'impact environnemental de l'activité économique. Un pionnier de cette discipline, Herman Daly, a ainsi défini trois principes visant à limiter le flux matériel d'une économie, et donc son impact sur l'environnement. Le premier en est que le rythme de l'exploitation des ressources renouvelables ne doit pas dépasser celui de leur régénération. Ensuite, le rythme de l'épuisement des ressources non renouvelables ne peut excéder celui de la création de ressources alternatives. Enfin, la quantité de déchets produite ne doit pas excéder la capacité de les assimiler.

Ces trois règles conduisent à modifier le calcul économique. Il devient ainsi indispensable de calculer la productivité « des facteurs », c'est-à-dire de rapporter la production d'un objet à la quantité d'énergie et de matière qu'elle mobilise. Cela n'est bien sûr pas exclusif de la recherche d'amélioration de la productivité du travail. Si, pour une même consommation de matière et d'énergie, un procédé requiert moins d'effort humain, il est certes préférable. Mais il ne faut plus accepter que ce progrès se réalise par une détérioration de la productivité matérielle et énergétique.

Le calcul économique systématisera donc les comptabilités de matières et d'énergie impliquées dans les processus de production. Une méthode est aujourd'hui en cours d'élaboration sous le terme d'« analyse du cycle de vie » : il s'agit de mesurer l'intégralité des consommations de matières et d'énergies – ainsi que les rejets générés – réalisées aux diverses étapes de la production d'un bien. Ce type d'analyse devrait s'imposer au cœur de la politique économique au lieu d'être tenue en lisière, comme c'est le cas aujourd'hui.

Il faut aussi parvenir, même si cela pose des problèmes théoriques difficiles, à valoriser les pollutions générées par les procédés techniques, de façon à les placer sur le même plan que, par exemple, le prix du travail ou de l'énergie impliqués dans la production.

Remettre l'activité scientifique au service de l'intérêt général

Durant l'ère biolithique, caractérisée par la limitation des ressources naturelles relativement au nombre et aux désirs des humains, le geste technique visera à accroître la productivité des ressources biologiques.

Arrêtons-nous à nouveau sur le mot de « productivité ». Il engage un rapport entre une production et une consommation de ressources. Autrement dit, le progrès de la productivité suppose que l'on réduise les ressources utilisées pour une unité produite. Le terme « ressources » appliqué au vivant implique une relation purement instrumentale et utilitaire dont on ne peut user ici sans réserve. En fait, le passage vers une société soucieuse du bien commun et des équilibres écologiques devrait être l'occasion de redéfinir la relation à ce que les Occidentaux appellent la « nature », et qu'ils « extériorisent », séparant l'humanité du reste du monde vivant.

Il ne s'agira donc pas d'agir selon le seul principe d'économie des « ressources », mais aussi en vertu d'une nouvelle culture de ce que signifie l'aventure humaine au regard de l'aventure du vivant lui-même, et des relations nouvelles que cela implique entre notre espèce et les roches, les plantes, les animaux et les micro-organismes. Si bien qu'il nous faudra élaborer une pensée pratique qui opère dans un monde qui est certes une ressource, mais, par essence, autre chose qu'une ressource.

Cela étant noté, revenons à l'objectif d'une nouvelle performance du geste technique orienté vers l'économie des ressources. Aussi importante que le nouveau principe est l'organisation sociale qui préside à la recherche de performance technique, c'est-à-dire les institutions de la science et de la technique. Aujourd'hui, celles-ci sont asservies à l'intérêt capitaliste et à la logique du profit. Les laboratoires n'obtiennent souvent des financements qu'en vertu d'accords passés avec des entreprises privées, la compétition pour appliquer rapidement une découverte l'emporte sur l'esprit de coopération dans la recherche, les brevets sur les techniques et les objets réalisés – y compris les modifications d'organismes vivants – visent à s'approprier le fruit de la connaissance. Et fréquemment, les chercheurs eux-mêmes cherchent à s'enrichir, soit directement en devenant entrepreneurs, soit en mettant leur neutralité présumée au service de lobbies ou d'intérêts particuliers.

Cette évolution a conduit à la prostitution d'une large partie de l'activité scientifique, qui a de fait subi la même pression néo-libérale que l'ensemble de la société. La recherche scientifique est désormais largement orientée en fonction des intérêts du système oligarchique, tandis que les institutions publiques de contrôle de l'activité technique ont été systématiquement affaiblies. C'est ainsi que les applications d'un phénomène nouveau sont mises en œuvre avant même que ses lois soient bien comprises. Les technologies dites nouvelles sont introduites dans l'espace commun sans qu'en aient préalablement été pesés les risques et inconvénients. Et quand les choses tournent mal, ce qui est fréquent, comme dans le cas des organismes génétiquement modifiés ou de l'énergie nucléaire, la responsabilité du désastre est supportée par la collectivité et non par les opérateurs privés.

Mais l'activité scientifique a pour objet la recherche de la connaissance. Et la connaissance est un bien commun de l'humanité. Nul ne saurait s'approprier le bien commun. La société devra reprendre le contrôle de la science, libérer les chercheurs de la tutelle du capital, remettre leur savoir et leur effort au service de l'intérêt général.

La maîtrise publique de l'activité scientifique doit aussi être assurée par une pratique démocratique de la science. Les chercheurs, les responsables publics et les entreprises ne sauraient être les seuls acteurs de la technologie. Une évaluation indépendante des risques et des avantages des techniques doit être systématisée, ainsi que la controverse et la délibération. La méthode dite des « conférences de citoyens », par laquelle des gens ordinaires, étant informés de manière contradictoire sur tel enjeu technique, émettent des avis à son propos, devrait être systématisée.

Le choix même des pistes de recherche peut être démocratisé, puisque la science ne suit pas un cours autonome, mais dépend largement pour ses avancées des budgets qui sont affectés à telle ou telle recherche. Et l'activité scientifique elle-même pourrait s'associer la participation des citoyens, comme c'est déjà le cas, par exemple, pour dresser des inventaires d'espèces.

Une bataille culturelle

Il est indispensable de définir un ensemble de mesures, d'objectifs et d'outils – ce que l'on pourrait appeler un programme. Mais en ayant à l'esprit que sa condition de réalisation n'est pas seulement le succès de la lutte politique contre l'oligarchie, mais aussi la transformation des codes culturels qui caractérisent la société des pays occidentaux, et très largement celles des peuples d'un monde désormais unifié.

Trente ans d'idéologie individualiste, de déni de l'action collective et de glorification du marché ont durablement imprégné l'univers des valeurs communes définissant ce qui est bien, agréable, prestigieux, désirable. Il y a dans nos têtes comme dans nos pratiques une transformation profonde à accomplir – aussi importante que celle qui a affecté le psychisme mondial depuis trois décennies. Il s'agit de substituer une culture de la solidarité et de l'entraide à la culture de l'individualisme et de la compétition.

Par exemple, réduire la consommation matérielle sans que cela soit vécu dans la souffrance et le sentiment de privation suppose, certes, une nouvelle définition de la richesse, mais surtout une nouvelle culture du désirable, un changement du registre émotionnel, un bouleversement de ce qui est présentement ressenti comme plaisant et prestigieux.

Car la culture n'est pas un problème mais une façon d'être. On ne transforme pas des façons d'être et de penser le monde par des décisions politiques. Le mouvement spontané de la conscience commune, l'expérience concrète de l'austérité imposée par l'oligarchie, l'exemple donné par telle vedette ou tel intellectuel valorisant la sobriété heureuse, le vécu de groupes nombreux saturés de l'ennui consommatoire, l'aggravation de la crise écologique vont agir souterrainement contre l'aliénation encore généralisée.

Mais une politique culturelle de la transition peut et doit être discutée. L'oligarchie exerce incontestablement une emprise médiatique et publicitaire sur les représentations communes, portant ainsi atteinte à la liberté de penser. Le souci de la liberté rend donc légitime de définir des règles garantissant la limitation de la publicité, assurant l'indépendance capitalistique des médias, veillant au contenu des programmes télévisuels. La Suède a ainsi interdit la publicité télévisée visant les enfants, tandis que la ville brésilienne de São Paulo a interdit l'affichage dans les rues : une fois oubliées les criailleries des lobbies, personne n'a jugé que la société s'en portait plus mal. De même, une politique ferme, si elle s'appuie sur des motifs et des valeurs pleinement reconnus par les citoyens, peut transformer radicalement les comportements. Par exemple, le nombre de morts par accidents de la route a baissé en France de près de 11 000 en 1986 à 4 000 en 2010, alors même que le trafic a doublé sur la période.

Il est aussi indispensable de refonder une politique éducative. Certes, en assurant de meilleurs moyens en enseignants, et en stoppant la privatisation des écoles, lycées et universités, qui ne visent qu'à séparer les riches du *vulgum pecus*. En mettant fin aux tarifs élevés des universités, qui conduisent à la situation stupéfiante qu'aux États-Unis ou en Angleterre des jeunes gens démarrent dans la vie en étant déjà lourdement endettés. Mais tout autant en assurant un contenu valorisant aux institutions civiques et démocratiques, aux interdépendances planétaires, à l'importance des dynamiques écologiques. Aucune société n'a jamais tiré un trait sur l'éducation de ses jeunes. Rien n'est plus symptomatique de l'atmosphère délétère que fait régner le capitalisme déclinant que l'indifférence dans laquelle il laisse l'école publique aller à vau-l'eau, quand il n'organise pas lui-même sa déréliction.

La transition dans les pays de l'hémisphère Sud

La culture des Occidentaux doit aussi changer sur un autre plan : comprendre et accepter leur affaiblissement relativement aux pays tiers, qu'ils ont pris l'habitude de dominer de près ou de loin pendant deux siècles. Or ils balancent entre la conviction implicite que leur civilisation est supérieure et le principe abstrait d'égalité humaine : le changement des relations induit par la convergence des conditions matérielles d'existence mettra à l'épreuve cette conviction et ce principe. Deux siècles de suprématie, un confort collectif incomparable, la xénophobie alimentée par une large partie de l'oligarchie attestent que cette évolution sera difficile. Mais est-ce certain ? Après tout, les sociétés riches pourraient trouver une fierté nouvelle dans ce chemin difficile et radical d'une société nouvelle fondée sur la sobriété. Et puisque leur standard de vie est devenu, au xxᵉ siècle, la norme mondiale du prestige, on peut penser que leur choix au xxiᵉ siècle influencera le reste du monde, apaisant tensions et jalousies : tous dignes, parce que tous égaux.

Il n'y a pas deux mondes séparés et qui s'opposent, mais un avenir unique. Le chemin sera partagé, qu'il cahote dans la violence ou mène vers la justice. Mais les inégalités sont aussi très fortes dans les pays émergents et du Sud. Il y a donc un intérêt commun à renverser, partout, les classes dirigeantes qui pratiquent, elles, une solidarité internationale.

Un travail de chercheurs états-uniens et européens illustre cet intérêt commun à partir du cas essentiel des émissions de gaz carbonique (CO_2). Observant que les émissions par personne sont étroitement corrélées au revenu, ils ont rangé les individus du monde entier selon leurs revenus, donc selon leurs émissions. Puis, ils ont observé ce qui serait nécessaire en 2030 pour limiter les émissions annuelles à 30 milliards de tonnes de CO_2. Un moyen d'y parvenir serait de poser une limite de 10 tonnes d'émissions à chaque habitant de la planète. Une grande majorité des humains sont situés en dessous de ce seuil, mais environ un milliard de personnes émettent bien davantage.

Pour rester sous le plafond global, il faudrait donc réduire les émissions de ce milliard de personnes – en clair, réduire l'inégalité. Qui cela concerne-t-il ? Quatre quarts de 250 millions de personnes : l'un aux États-Unis, l'autre dans les pays de l'OCDE, le troisième en Chine, et le quatrième dans le reste du monde. Autrement dit, il faudrait obtenir une baisse du côté des plus riches dans chaque pays ou groupe de pays. La lutte pour l'équilibre écologique et pour la justice est bien mondiale – même si l'effort le plus important doit être fait dans les pays riches, qui comptent le plus de personnes émettant beaucoup de CO_2.

Dans les pays pauvres, sujets à la violence amplifiée du capitalisme pour s'approprier la meilleure part de la richesse mondiale, luttes sociales et écologistes se développent avec une intensité croissante. Les paysans se battent partout – en Inde, en Afrique, en Chine – contre les expropriations et les accaparements de terres. Indigènes et travailleurs luttent contre l'exploitation écologiquement désastreuse et humainement révoltante des mines au Pérou ou en Papouasie, du pétrole au Nigeria. Ouvriers et syndicalistes se confrontent aux patrons et aux soldats pour limiter une exploitation devenue sauvage au Bangladesh, au Pakistan, en Thaïlande. Des écologistes qui tentent de limiter la destruction de la forêt sont abattus au Cambodge ou au Brésil, tandis qu'en Chine, les citoyens se mobilisent contre les usines gravement polluantes.

Au sud comme au nord, les luttes se répliquent, selon un scénario souvent voisin : ainsi, en 2011, la protestation contre des projets de barrages écologiquement destructeurs amorce au Chili la révolte des étudiants et de la société contre les frais d'enseignement trop élevés ; au Québec, la lutte contre les gaz de schiste aura précédé le puissant mouvement étudiant contre les frais d'inscription à l'université, ponctué en avril 2012 d'une manifestation massive contre les dégâts commis sur l'environnement.

Le monde est en ébullition, et les statistiques montrent une augmentation continue des émeutes depuis plusieurs années, conduisant parfois à des ébranlements tectoniques tels que le printemps arabe de 2011. La distance entre riches et pauvres est toujours considérable. Mais les communautés d'intérêts sont grandes, l'ennemi est le même, les aspirations comparables, et les succès d'ici servent les combats de là-bas. Et si une large partie des habitants du Sud aspirent légitimement à une amélioration de leurs conditions matérielles, la nécessité des biens communs, le souci de justice, l'inquiétude devant la dégradation écologique ne sont pas moindres qu'au nord. Les objectifs sont les mêmes. Par le peuple, le monde s'unit.

8

Le peuple de la Terre

Au rendez-vous du donner et du recevoir

Pour la première fois dans l'histoire humaine, nous formons une seule société, à la culture unifiée par la communication électronique, les voyages, la télévision, le commerce. Pour la première fois aussi nous sommes unis par une même question politique : celle de la crise écologique.

Cette idée a une histoire, dont un tournant aura été ce moment des années 1960 où l'humanité a vu la Terre depuis l'espace. Ces images ont rendu perceptibles, avec une force presque magique, la beauté de la planète, le miracle qu'est la vie qu'elle porte, la place à la fois exceptionnelle et banale qu'elle occupe dans l'univers. Oui, la Terre des hommes est belle et unique.

On découvrit presque en même temps qu'elle était fragile ou, plutôt, que le dynamisme de l'action humaine était susceptible de dérégler ses admirables régulations. Et que ce dérèglement pourrait, à terme, menacer la poursuite même de l'aventure humaine.

L'idée ne s'est pas imposée instantanément. Il y a fallu plusieurs décennies. La crise occidentale des années 1970, née du choc pétrolier, fut une crise de la ressource énergétique, éclatant après que l'alerte écologique eut été lancée. Mais le problème écologique n'était pas sensible dans ce qu'on appelait alors le tiers-monde. Aujourd'hui, la crise ouverte en 2007 manifeste la mondialisation de la crise écologique : celle-ci devient perceptible sur l'ensemble du globe, et sa relation avec le déséquilibre économique ne peut plus être ignorée. L'écologie n'est plus seulement un « fardeau de l'homme blanc » ou une « préoccupation de riches », elle devient l'affaire de tous.

Ainsi, au-delà de ses différences, le peuple de la Terre élabore une culture commune. Elle est tissée par la connaissance réciproque et par des représentations similaires. Mais elle naît tout autant de la conscience nouvelle du péril écologique commun à tous.

Un signe en est la paix turbulente, mais réelle, qui règne à l'entrée du XXIᵉ siècle, et qui tranche avec les terribles violences du XXᵉ siècle. Celles-ci résultèrent du déchaînement des puissances nouvelles que la révolution industrielle avait brutalement révélées aux hommes, après les dix mille ans de l'hésitant progrès néolithique. La sidération provoquée par l'explosion atomique d'Hiroshima a fait rentrer l'énergie agressive de l'humanité dans son lit. Elle s'est alors focalisée sur la production, le commerce et l'enrichissement. Mais la paix entre les hommes s'est conclue au prix du détournement de la violence sur la nature.

Il nous faut donc changer, sous peine de voir cette violence accumulée dans la biosphère meurtrie se retourner sans frein contre l'humanité.

La prévention du changement climatique, le cantonnement des épidémies, le prélèvement mesuré des ressources naturelles, tout en appelle à l'exercice d'une raison collective qui surmonte les rivalités instinctives, les frustrations accumulées et les méfiances ancestrales. Une raison qui doit se transmuer en un vécu de solidarité, qui constitue une culture planétaire, capable de s'enrichir des cultures de chacun sans en appauvrir aucune. « Aboutir à la civilisation de l'universel, écrivait Léopold Sédar Senghor, au rendez-vous du donner et du recevoir. »

Les nouvelles règles de la géopolitique

Rien ne sera aisé. La contradiction entre les intérêts du peuple et ceux des classes dirigeantes s'emboîte dans la tension qui oppose souvent les relations entre les États à l'intérêt commun de l'humanité. Le jeu traditionnel des intérêts, aussi vieux que les royaumes, empires et États institués à partir de la révolution néolithique, les confronte les uns aux autres : chacun veut étendre sa puissance ou simplement défendre ses prérogatives contre un voisin jugé menaçant. La guerre n'est pas fatale, mais les rivalités plus fréquentes que les alliances.

Ce jeu d'influences et de rapport de forces, ce compromis entre le commerce et la force militaire, cette harmonie bancale entre la passion religieuse et le désir de paix déterminent la situation géopolitique du monde. Tout indique que les lames des épées s'aiguisent, la suprématie militaire des États-Unis excitant le désir de rattrapage des émergents, au premier rang desquels la Chine, dans une course généralisée aux matières énergétiques, alimentaires et minérales, le tout précipitant le désordre écologique.

L'histoire, ainsi, pourrait s'écrire à l'avance, contant le vacillement des puissances face à l'élan démographique, l'oscillation de l'ordre devant la poussée inexorable des désirs comprimés, la fascination grandissante pour le règlement par le glaive des compétitions exaspérées.

Mais la crise écologique planétaire transforme la logique traditionnelle des relations internationales : le péril commun appelle une réponse commune. Qu'il s'agisse du bouleversement climatique ou de l'expansion d'épidémies incontrôlables, tous pâtiront – tous pâtissent, chacun à son tour frappé par la sécheresse, les vagues de chaleur, les inondations, l'accident nucléaire. La dépendance économique née de la mondialisation assure qu'un événement régional majeur se répercutera au long des chaînes internationales du commerce et de l'échange. Aucun isolat terrien ne garantit la sûreté quand les autres éprouveraient le péril. Personne ne saurait échapper au sort commun. Tous se sauvent, ou tous périssent. Et aucun groupe ne pouvant durablement tirer profit d'une supériorité conjoncturelle, la coopération devient l'intérêt de chacun, qui se confond avec celui de tous.

Cette logique de la solidarité obligée, avant d'être choisie, fait contrepoids à la raison de la géopolitique classique. Mais nul ne peut prédire si les égoïsmes des nations ou des oligarchies ne feront pas finalement pencher la balance du côté de la rivalité conduisant à la violence. Nombreux, aussi, seront les États qui voudront, comme un « passager clandestin », profiter des efforts des autres tout en s'y refusant pour soi. Mais la crise écologique planétaire change la donne : contre la froide raison d'État s'affirme la raison vibrante de l'avenir du monde.

Des valeurs universelles

Le point où s'applique cette raison commune, c'est l'atmosphère : depuis 1992 et la Convention sur le changement climatique, elle nourrit une négociation planétaire intense, ardue, souvent décevante, hérissée de cahots et de replis, mais qui n'en est pas moins devenue l'arène principale où se retrouvent les pays du monde. Les autres négociations abordent des questions importantes mais partielles, tandis que celles qui prétendaient avoir vocation universelle, telle la discussion sur le commerce, sont durablement enlisées. La question dominant la diplomatie mondiale demeure bien celle du partage et de la gestion de l'atmosphère au regard du risque climatique.

De quoi s'agit-il ? D'un bien commun. Sur lequel toute appropriation sous forme d'émissions de gaz à effet de serre dans une proportion supérieure à celle des autres apparaît comme illégitime et discutable.

D'autres biens communs vont émerger à mesure que les contradictions énergétiques et écologiques s'aiguiseront : les océans, l'Arctique, l'Antarctique, l'espace, la monnaie.

Rien ne serait plus réducteur qu'une analyse en termes de purs rapports de forces des difficiles tractations par lesquelles il faudra bien aboutir à une fin satisfaisante. Car sous l'épais manteau des problèmes infinis qui vont se poser gît une question délicate, où se mêlent la philosophie et le ressentiment historique. Selon la réponse que l'on y apportera découlera le succès ou l'échec de la palabre générale. On pourrait formuler cette question ainsi : la catastrophe générale que laissent présager les connaissances que nous avons de la crise écologique a-t-elle bien un caractère universel, d'où donc découleraient des valeurs universelles ?

La difficulté provient du fait que c'est l'Occident qui a le plus largement théorisé l'universel, et souvent pour se prévaloir d'une supériorité particulière : «Nous sommes supérieurs, semblait-il dire durant le mince intervalle de temps qu'a duré la grande divergence, et c'est parce que nous savons penser l'universel. » N'y a-t-il pas alors, dans l'appel à l'urgence d'agir ensemble contre une menace qui, indubitablement, nécessitera de tous des efforts difficiles, un nouvel avatar du colonialisme occidental, qui trouverait au moment de son déclin cette planche de salut pour empêcher les autres de le rejoindre ?

Mais le temps a passé, la grande convergence est en marche, l'Occident rentre dans le rang. Comme l'indiquait ironiquement Gandhi à qui l'on demandait ce qu'il pensait de la civilisation occidentale, « Je pense que ce serait une bonne idée [*it would be a good idea*] ».

Les problèmes universels sont bien tels, ils ne sont pas ceux des pays occidentaux. Ceux-ci ne convaincront cependant de leur sincérité que s'ils font le choix explicite de réduire leur part de l'espace écologique en réduisant leur consommation matérielle.

« Les valeurs universelles globales ne nous sont pas données, écrit Immanuel Wallerstein ; elles sont créées par nous. L'entreprise humaine de définir ces valeurs est la grande entreprise morale de l'humanité. Mais on ne pourra espérer y parvenir que quand nous serons capables de dépasser la perspective idéologique du puissant en direction d'une véritable appréciation commune de ce qui est bien. Cela suppose une structure beaucoup plus égalitaire que ce que nous avons construit jusqu'à présent. »

Qu'est-ce qui constitue indubitablement des valeurs universelles ? Les biens communs. Et qu'implique un usage raisonnable des biens communs ? Un partage équitable, décidé par tous, et préservant leur pérennité. Autant dire la démocratie, au niveau planétaire et au niveau local, puisqu'il ne serait pas légitime pour un État de revendiquer un droit égal à l'espace commun si, en son sein, il organisait un partage inéquitable des ressources.

La démocratie n'est pas une valeur occidentale – et d'autant moins que l'Occident s'est laissé dériver vers le régime oligarchique, ne conservant de la démocratie que ses formes extérieures, l'institution élective notamment, quand la réalité du pouvoir a glissé vers les maîtres des finances. Elle est une aspiration vivante aussi bien chez les Occidentaux dépouillés de leur liberté d'agir que du côté des peuples pauvres fatigués de subir l'exploitation de leurs propres dominants.

Posons l'hypothèse que le néolithique, qui a favorisé les institutions à système de pouvoir pyramidal, et durant lequel la démocratie n'a été qu'une exception toujours imparfaite, est une parenthèse de l'histoire politique de l'humanité. Au paléolithique, pendant plusieurs dizaines de milliers d'années, avancent des penseurs audacieux, la démocratie était la condition normale des sociétés humaines, comme en témoigne l'organisation de nombreuses sociétés de chasseurs-cueilleurs.

L'entrée dans l'ère biolithique signifierait alors par rapport au néolithique un nouvel état du politique, dans lequel les sociétés humaines inventeraient une démocratie généralisée, du local – soumis durant le néolithique à l'instance étatique – au global – ignoré au néolithique ou simple champ des rivalités étatiques.

Ce nouvel état du politique signifierait la régression de l'individualisme hystérique auquel est parvenu le capitalisme dans sa phase finale, et l'adoption des valeurs de solidarité et de communauté qui subsistent dans beaucoup de pays pauvres.

Mais une autre valeur universelle est en jeu dans la politique mondiale des biens communs : ce que l'Occident appelle « nature ». Depuis le XVIe siècle, la culture européenne a développé une représentation du monde séparant l'esprit humain de l'ensemble des non-humains, qui seraient dénués de toute intériorité. Le succès de la révolution industrielle s'est fondé sur cette vision d'un monde matériel muet et donc instrumentalisable à loisir. On connaît le résultat de cette opération gigantesque, qui n'a pas seulement conduit à la crise écologique, mais a doté l'humanité elle-même d'une telle puissance de transformation sur l'environnement qu'elle est devenue, si l'on en croit de nombreux scientifiques, une force géologique, ruinant par le succès même de sa philosophie d'étanchéité entre l'homme et la nature son principe fondateur. Force naturelle, l'homme ne peut plus être pensé en dehors de la nature.

Cette philosophie dualiste semble avoir gagné les fils d'autres traditions, puisque la Chine ou le Japon, par exemple, n'agissent pas sur l'environnement avec moins de brutalité que les Occidentaux. Il nous faudra sans doute, dans la culture biolithique qui visera à adapter la technique aux rythmes et à l'intégrité de l'ensemble du vivant, redéfinir une cosmologie qui fasse place sinon droit au *qi* (le souffle), à l'esprit, à l'intériorité, à la conscience, à l'essence – aux mille mots par lesquels les humains ont désigné pendant si longtemps ce qui était le monde et ce qui était dans le monde, et qui n'était pas eux sans leur être pour autant étranger.

Une proposition cosmologique, qui a reçu depuis quelques années un important écho, ouvre la voie du dialogue planétaire qui ne concernera pas seulement l'utilité commune mais aussi le sens de l'ensemble. Avec l'idée de la *Pacha Mama* (Terre Mère), formée par les peuples des Andes, s'affirme la rupture avec la modernité occidentale : la nature n'y est pas valorisée en fonction de son utilité, mais en tant qu'elle est porteuse de valeurs propres. En ce sens, la nature et la société ne sont pas étrangères l'une à l'autre.

Une nouvelle perception de ce qu'on appelle « nature » ne saurait manquer de conduire à la spiritualité, si largement refoulée par le monde moderne. Le désordre économique, la destruction écologique, les rivalités ostentatoires sont aussi l'expression d'une crise spirituelle qui paraît générale. Les États-Unis s'abandonnent à l'hystérie autojustificatrice d'un protestantisme les proclamant « nation élue de Dieu » et ne devant rien à personne. L'Europe se singularise par un athéisme si militant qu'il en devient dogmatique. Le monde musulman exacerbe son expression religieuse, comme s'il échouait à trouver une place dans le monde qui ne soit pas agressive. Presque partout, la course à l'illimitation matérielle semble compenser le vide des âmes qu'on étouffe.

On ne saurait taire ici le danger de la passion religieuse, qui a trop souvent encouragé la guerre de conversion et les querelles sanglantes, quand elle ne devenait pas un prétexte pour s'emparer des richesses de l'autre, l'agent d'une querelle de puissance. Il n'empêche : à brimer la disposition humaine à la spiritualité, la course matérielle appauvrit l'espèce et dessèche les cœurs. La réduction nécessaire de la consommation matérielle ne découlera pas seulement d'une démarche de la raison, mais aussi d'une remise en cause des valeurs matérialistes. Elle ne manquera pas de se prolonger philosophiquement. La culture planétaire ne refusera plus le dialogue entre les croyances.

L'époque vibre d'une tension contenue vers le spirituel, vers l'admiration pour l'univers qui dépasse l'aventure humaine et lui donne sens. Nous aurons à transmuer ces mille façons de percevoir le mystère en une démarche universelle.

Le centre de gravité de la nouvelle géopolitique

Quoi qu'il en soit, les peuples devront confronter leurs intérêts et leurs aspirations, et la géopolitique sera dominée par la question énergétique. Elle se présente sous deux aspects : d'abord l'accès aux ressources existantes et nouvelles, dans un contexte d'épuisement progressif des combustibles fossiles et d'augmentation du coût de l'énergie. Ensuite sous la forme de la coordination nécessaire des politiques face au risque climatique.

Or, l'humanité se trouve dans une situation paradoxale : nous avons trop d'énergie fossile. Si l'on veut éviter un réchauffement supérieur à 2 °C. Il faudra limiter, d'ici à 2050, le volume du gaz carbonique émis à moins de 1 000 milliards de tonnes. Les quantités de pétrole, de gaz et de charbon accessibles à un coût supportable représentent bien plus de gaz carbonique que ce plafond. En conséquence, si l'on veut limiter le réchauffement climatique, il faudra limiter la consommation de pétrole, de gaz et de charbon.

Il existe donc une contradiction majeure entre l'objectif de l'énergie à prix supportable pour maintenir la croissance économique et celui d'équilibre climatique.

Cette situation crée une divergence d'intérêts entre les pays dénués de ressources fossiles et ceux qui en disposent. Les premiers doivent réduire spontanément, par les taxes et les réglementations, leur consommation de fossiles. Mais en adaptant par avance leur économie à un coût plus élevé que celui du marché instantané, ils s'affaiblissent relativement aux pays qui en restent au prix du marché. Quant aux pays disposant de ressources fossiles, ils bénéficient de la hausse des prix, que ce soit par la rente externe ou par le bas prix de leur consommation interne.

Ce faisant, les détenteurs de fossiles se comportent comme un « passager clandestin », c'est-à-dire qu'ils bénéficient des efforts des premiers pour réduire leur consommation, sans réduire eux-mêmes leurs émissions de gaz à effet de serre. Les pays démunis de ressources fossiles devraient donc arguer du péril climatique pour peser sur ceux qui en détiennent.

Mais si l'ensemble des pays ne parvient pas à modérer la consommation globale, la course aux ressources va s'accroître, tandis que le changement climatique s'accentuera. La guerre deviendra alors une hypothèse réaliste.

Un comportement hésitant entre les deux contraintes – accès plus coûteux aux ressources et nécessité de réduire les émissions de gaz à effet de serre – en vertu duquel les conflits resteraient contrôlés est une hypothèse également réaliste.

Dans ce cas, les pays qui seraient le mieux placés pour aborder le monde de demain seraient ceux qui disposent du moins d'énergies fossiles. Ils seraient en effet le mieux préparés à entreprendre les actions qui se révéleront tôt ou tard indispensables aux pays disposant d'énergies carbonées quand celles-ci s'évanouiront.

Seraient donc finalement avantagés les pays économes en énergie, sous l'effet du développement des compétences techniques ou de la culture, ou sans doute par un mélange des deux. Seraient également avantagés ceux qui maîtriseront le mieux les énergies nouvelles – du soleil, du vent, de la biomasse, de la géothermie, des mers.

La situation crée une logique d'alliances nouvelles : les pays dépourvus d'énergies fossiles ont intérêt à s'unir pour faire adopter une politique de prévention du changement climatique, face aux pays fossiles qui subiront, eux aussi, le changement climatique, mais seront tentés de maximiser les bénéfices à court terme tirés de la vente du pétrole, du charbon et du gaz.

Le bel avenir de l'Europe

« L'Union européenne est un patrimoine de l'humanité, elle n'appartient plus aux seuls Européens. Chaque fois qu'ailleurs dans le monde on parle d'intégration régionale, on regarde vers l'Union » : ainsi parle Luiz Inácio Lula, le Brésilien. Que se produit-il d'exemplaire, à nouveau, dans l'Europe ? C'est qu'après s'être déchirée dans des guerres sanglantes et des abominations inhumaines, elle a su se retrouver et commencer à réaliser le vieux rêve millénaire, issu de Rome, de l'union. Mais une union qui n'est pas uniforme, capable d'allier nations et cultures dans un projet commun tout en conservant l'identité de chacune, de fondre les identités « sans pour autant les confondre », comme le dit Umberto Eco.

L'Union européenne est la première puissance économique du monde, avec un PIB supérieur à celui des États-Unis. Elle attire plus d'étudiants étrangers que ceux-ci – 1,3 million contre 850 000 en Amérique du Nord. Elle a élaboré un modèle de protection sociale unique au monde, et des services publics efficaces et le plus souvent indemnes de corruption.

Elle présente une qualité vitale pour l'avenir : elle consomme relativement peu d'énergie relativement à sa puissance économique, deux fois moins par habitant que les États-Unis. L'Europe possède un autre avantage : elle ne dispose quasi plus de réserves d'énergie fossile. Sa dépendance énergétique passerait de 50 % en 2010 à 70 % d'ici à 2022. Elle est donc obligée d'adopter une politique vigoureuse d'économies d'énergie et de développement des énergies renouvelables, autrement dit de cultiver les valeurs de sobriété et d'efficacité qui seront les qualités économiques de l'avenir. Cette même sobriété renforcera sa position diplomatique dans la négociation climatique puisque, étant contrainte de faire de nécessité vertu, sa politique d'économies d'énergie devrait la conduire à réduire fortement ses émissions de gaz carbonique.

Et pourtant, l'Europe semble engluée dans le marasme depuis que s'est ouverte la crise financière en 2007. Ce marasme a une cause aussi limpide que l'eau de roche : la trahison par les élites de l'idéal européen, qui se fondait sur les principes démocratiques de souveraineté des citoyens. Les traités successifs ont avalisé la liberté de la finance : création monétaire abandonnée aux banques privées, interdiction faite à la Banque centrale européenne de prêter aux États, interdiction posée à ceux-ci de limiter les mouvements de capitaux, règle de l'unanimité en matière fiscale – ce qui favorise le dumping fiscal –, pouvoir démesuré accordé à la Commission, qui n'est pourtant pas une instance élue. En réalité, l'Union a été progressivement remise aux mains du système financier.

Le tournant marquant la trahison de la démocratie s'est produit quand, après le vote des peuples français, irlandais et néerlandais refusant en 2005 le projet de Traité constitutionnel européen, celui-ci n'en fut pas moins validé par les différents Parlements sous une forme à peine amendée. Un traité, au demeurant, si mal conçu quant à l'organisation des pouvoirs qu'il rend ceux-ci incapables de faire face efficacement aux crises. L'oligarchie a violé la souveraineté populaire pour un résultat pitoyable.

L'Europe sera populaire ou ne sera pas. Comme le disait Charles de Gaulle, « les institutions de l'Europe doivent naître des Européens, c'est-à-dire d'une manifestation démocratique, par le suffrage universel des citoyens européens».

Un autre handicap de l'Europe est la place qu'y tient le Royaume-Uni. Non pas, bien sûr, qu'il faudrait exclure par principe ce grand et noble pays. Mais depuis que le Premier ministre Margaret Thatcher y a initié un mouvement de libéralisation généralisée des marchés des capitaux, la City de Londres est devenue une puissance qui dicte sa politique à un pays qui en dépend économiquement. Elle est devenue, au vrai, le plus grand paradis fiscal du monde. À la réserve qu'a toujours manifestée le Royaume-Uni à l'égard de l'unification européenne s'est donc ajouté un motif financier, qui garantit que toutes les mesures nécessaires prises par les Européens, fiscales et monétaires, seront contrebattues par Londres. Une Europe rendue à la démocratie devra donc se faire sans le Royaume-Uni – à moins, bien sûr, que le peuple britannique ne fasse la révolution… Au demeurant, l'Écosse et peut-être le pays de Galles s'éloignent de l'Angleterre, s'émancipent de la City, pourrait-on dire. Peut-être pourra-t-on finir par isoler celle-ci.

L'autre question majeure qui se pose à l'Europe est celle de sa politique énergétique et écologique. On a vu que le pari de la sobriété la mettra sur la voie de l'avenir. Mais il faut envisager les conséquences géopolitiques de cette option. Une première concerne la Russie : celle-ci fait culturellement et stratégiquement partie de l'Europe. Elle lui livre l'essentiel de son gaz. Cet immense pays est, certes, aux mains d'une oligarchie des plus féroces, mais il demeure un partenaire privilégié, et sans doute davantage, de l'Europe. Comment, en particulier, élaborer avec lui une politique commune écologique et climatique ?

Un autre volet de la situation particulière de l'Europe est que sa pauvreté énergétique lui crée un intérêt commun avec les pays en développement, avec les pays émergents dépourvus de ressources énergétiques et avec le Japon : ces États, en effet, ont tout à craindre du changement climatique, et tout à espérer des nouveaux instruments économiques et techniques permettant de se passer des énergies fossiles. Cette nouvelle logique d'alliance est d'autant plus forte que si l'Europe a des liens anciens avec les peuples de tous les continents – on en connaît la cause –, elle n'est plus menaçante sur le plan militaire. La force de l'Europe, c'est sa faiblesse énergétique et belliqueuse. Mais elle porte l'idéal démocratique – quoique dangereusement blessé –, une pluralité culturelle revigorante, une volonté d'union pacifique et écologique qui peut faire écho dans le cœur et l'intelligence de nombreux hommes à travers le monde. Il y a une voie de progrès entre l'autoritarisme chinois et la brutalité états-unienne.

Ce qui induit un choix politique qu'une Europe libérée de l'oligarchie financière devrait assumer : tournée vers le monde, elle doit prendre ses distances avec les États-Unis dont tant de choses désormais la séparent. Elle défend la solidarité sociale, elle intègre la logique du changement climatique, elle s'oriente vers l'économie d'énergie, elle consomme moins, elle ne se projette pas dans un appareil militaire démesuré et menaçant. Si les États-Unis ne changent pas, l'Europe n'a plus guère à faire avec eux.

Aux États-Unis, l'affaissement ou le chaos

Les États-Unis sont les plus forts. Certes. Ils sont toujours les champions en matière d'informatique et de biotechnologie, c'est vrai. Leur démographie est dynamique. Exact. Ils disposent de ressources immenses, avec le gaz et le pétrole de schiste. Cela leur permet de reculer l'échéance.

Et pourtant : cette société la plus puissante du monde, et sans doute dans l'histoire humaine, est gravement malade. Elle est malade d'avoir trop de tout, comme en témoigne le nombre stupéfiant de gens obèses dans ce pays : plus d'un tiers de la population adulte, selon les statistiques du service officiel de santé. L'obésité a une cause simple : on mange trop. Aux États-Unis, on mange trop. On consomme trop. On jette trop. On pollue trop. Société du gaspillage.

Les États-Unis ont un autre problème. Ils se proclament et se perçoivent comme un pays assurant la liberté aux individus. Or, il est peu d'individus aussi assujettis dans leur vie personnelle que les habitants des États-Unis. Éduqués à manger et à consommer trop, ils sont abîmés par la télévision – qu'ils regardent plus de quatre heures par jour en moyenne –, qui les inonde de publicités et de programmes conçus pour les maintenir dans la médiocrité. L'école les habitue à obéir dès le plus jeune âge. La dette les tient plus solidement arrimés au respect de l'ordre qu'aucune chaîne : l'endettement total des étudiants dépasse les 1 000 milliards de dollars – un jeune qui démarre dans l'existence avec une dette de 30 000 dollars ne peut pas prendre le risque de se révolter et de perdre son travail. La dette globale des ménages dépasse 10 000 milliards de dollars, soit 33 000 dollars par personne, vieillards et bébés compris. Les classes pauvres sont solidement tenues par un taux d'incarcération record.

Le peuple des États-Unis est prisonnier de l'oligarchie, des maîtres de Wall Street. Dans aucun autre pays du monde, les milliardaires n'ont autant d'argent ni autant de pouvoir sur la politique et sur les médias. Ils sont aussi les plus réactionnaires, les plus décidés à ne rien lâcher, les plus cyniques. Les mêmes qui financent les officines répandant le doute sur le changement climatique soutiennent le Tea Party.

La fin de la démocratie américaine peut être datée : en janvier 2010, la Cour suprême a décidé de ne plus placer de limite aux sommes qu'une entreprise peut verser à un candidat ou à un parti. L'arrêt « *Citizens united* » jugeait que les entreprises ont le même droit à la liberté d'expression que les citoyens. Aux États-Unis, les juges suprêmes pensent qu'un éléphant pèse aussi lourd qu'une souris.

Oui, nous avons un problème avec les États-Unis. On voit mal comment ce pays pourrait décider de lui-même de réduire sa consommation matérielle et énergétique. Il semble culturellement bloqué sur l'*American way of life*, que d'ailleurs le gaz de schiste et les sables bitumineux lui permettent de soutenir tant bien que mal, en conservant le prix de l'énergie à un niveau modéré, même si c'est au prix du saccage de son territoire et des émissions importantes de méthane. Et si les États-Uniens ne changent pas leur mode de vie, pourquoi Indiens, Chinois, Brésiliens et autres habitants de la planète ne voudraient-ils pas les imiter ?

Les États-Unis posent un autre problème. Ils sont lourdement armés. On compte près de 300 millions d'armes à feu aux États-Unis, presque autant que d'habitants. Et le pays est doté de la plus puissante armée du monde, son budget militaire pesant quasi la moitié des dépenses militaires du monde entier. Ce budget reflète le poids du lobby militaro-industriel, intéressé au maintien d'un niveau permanent de conflictualité. Selon certains analystes, « ces intérêts veulent un adversaire conventionnel et ils croient l'avoir trouvé avec la Chine ».

Cette psychologie quotidienne de la violence, la force du contrôle médiatique, le poids de l'armée, tout cela signifie que la tentation sera grande pour l'oligarchie des États-Unis de répondre par la violence aux problèmes qui ne peuvent que s'aggraver. Les États-Unis deviennent un risque pour la paix. Mais peut-être se déchireront-ils eux-mêmes. Ou changeront-ils pour embrasser la sobriété heureuse…

« Ce que les fous dédaignent »…

Les pays riches doivent réduire leur consommation matérielle, cette idée est au cœur de cet ouvrage. Mais la grande convergence signifie l'égalité, et donc le partage des responsabilités. L'« émergence » et la libération des tutelles créent de nouveaux devoirs : l'avenir dépend de tous.

Il est frappant, au demeurant, de voir combien les problématiques sont similaires entre pays dits du Nord et du Sud : le choc écologique, le renchérissement des ressources, le ralentissement de la croissance, et, clé de tout, une inégalité généralisée qui fait obstacle aux politiques nécessaires.

L'histoire avance, avec une force proportionnelle à l'énergie des 7 milliards d'humains, qui sont autant d'intelligences créatives, reliées entre elles et élargies par plus d'un milliard d'ordinateurs. Un monde nouveau commence.

Les scientifiques nous apprennent que la période géologique durant laquelle s'est déroulé le néolithique était l'holocène, un temps de stabilité climatique favorable au développement de l'agriculture. La puissance d'action développée par l'humanité à partir de la révolution industrielle a fait d'elle une force géologique, et certains géologues et climatologues expliquent que nous sommes désormais entrés dans une nouvelle période, appelée anthropocène.

La vivrons-nous avec la mentalité du néolithique, conquérante et brutale, efficace et destructrice ? Qui pourrait conduire

à la ruine de la civilisation, cette civilisation aujourd'h.
totale ? Ou bien inventerons-nous le biolithique, en accord avec les rythmes du vivant et les ressources de la Terre ?

Nous en savons assez sur l'avenir pour savoir quoi faire au présent. « L'avenir est le meilleur des conseillers, disait un sage français, les fous le dédaignent. » Mais nous, les humains, nous ne sommes pas fous.

Références

1. Pieds nus sur la terre infinie

Ce chapitre s'est alimenté de nombreux articles de la presse scientifique et généraliste, ainsi que d'entretiens avec des paléontologues. Le livre de Jean-Jacques Hublin, *Quand d'autres hommes peuplaient la Terre,* Flammarion, « Champs », 2008, a été un guide précieux.

Pour le cadrage paléo-climatique : Jousseaume, Sylvie, *Climat d'hier à demain*, CNRS éditions, 1999.

Page 12 – « Les historiens évaluent cette quantité d'énergie... » : Cipolla, Carlo, « Sources d'énergie et histoire de l'humanité », *Annales. Économies, sociétés, civilisations*, n° 3, 1961, p. 521-534.

2. La grande divergence

Page 13 – « L'Europe, un monde parmi d'autres » :

– McNeill, William, « L'essor et le déclin de l'Occident », *Le Débat,* mars-avril 2009, p. 99.

– Lelièvre, Dominique, *Voyageurs chinois à la découverte du monde*, Olizane, 2004, p. 33.

– Mourgues, Jean-Louis, « Rome et la Chine : le partage du monde », *Les Collections de l'Histoire*, n° 38, janvier 2008.

– Beaujard, Philippe, « Les routes du commerce de l'ancien monde », *L'Atlas des mondialisations, Le Monde-La Vie*, 2011.

Page 14 – «Obsidienne…» : Costa Laurent-Jacques, *L'Obsidienne, un témoin d'échanges en Méditerranée préhistorique*, Errance, 2007, cité par Wikipedia.

Page 15 – «C'est sous la dynastie Song…» : Steffen, Will *et al.*, «The Anthropocene : conceptual and historical perspectives», *Philosophical Transactions of the Royal Society A*, 2011, 369, p. 842.

Page 16 – «Certains historiens, au regard de cette excellence technique…» : Kerlouégan, Jérôme, «Si la Chine avait découvert l'Amérique…», *Les Collections de l'Histoire*, n° 38, janvier 2008.

Page 17 – «Les 26 tonnes d'épices que le dernier bateau…» : Zweig, Stefan, *Magellan,* Grasset, «Les cahiers rouges», 1938.

Page 18 – «Pourquoi les Européens ont-ils bousculé le monde?» :
– Pomeranz, Kenneth, *La Force de l'empire*, Ere, 2009.

– Minard, Philippe, «Face au détournement de l'histoire», *La Revue des livres*, septembre 2009.

– Guillebaud, Jean-Claude, *Le Commencement d'un monde*, Seuil, 2008.

– Landes, David, «Why Europe and The West? Why not China?», *Journal of Economic perspectives*, 20(2), 2006.

Page 19 – «Selon Voltaire…» : Voltaire, «De la Chine», *Dictionnaire philosophique*, Gallimard, «Folio», 1994.

Page 19 – «Quand Christophe Colomb s'élance…» : Gruzinski, Serge, «Les expéditions du XVIᵉ siècle annoncent la mondialisation d'aujourd'hui», *Les Cahiers de Science et Vie*, n° 128.

Page 20 – «De surcroît, les chasseurs-cueilleurs d'antan…» : Guzman, Ricardo, «The Neolithic Revolution from a price-theoretic perspective», *Journal of Development Economics*, novembre 2011. Sahlins, Marshall, *Âge de pierre, âge d'abondance*, Galllimard, 1976.

Page 21 – «Dans cette voie, une explication paradoxale a été proposée…» : Elvin, Mark, *The Pattern of the Chinese Past*, Stanford University Press, 1973.

Page 23 – «La révolution industrielle représente une mutation…» : Lévi-Strauss, Claude, *Race et histoire*, Unesco, 1952.

Page 24 – «Nous sommes en 2013 plus de 7 milliards, qui pesons près de…» : Walpole, Sarah, *et al.*, «The weight of nations : an estimation of adult human biomass», *BMC Public Health*, 2012.

Page 24 – « Une autre façon d'apprécier cette mutation est l'évolution du revenu par tête... » : Ministry of Defence, *Global Strategic Trends-Out to 2020*, 2010, p. 25. Bourguignon, François, et Morrisson, Christian, « Inequality among world citizens : 1820-1992 », *The American Economic Review*, vol. 92, nº 4, 2002, p. 731.

Page 25 – « Plutôt souffrir que mourir... » : La Fontaine, « La mort et le bûcheron », *Fables*.

Page 25 – « En 1950, l'espérance de vie dans le monde... » : INED, « La durée de vie dans le monde », Fiches pédagogiques, décembre 2010.

Page 25 – « Un kilogramme de charbon représente... » : « Carburant », Wikipedia, consulté le 5 octobre 2012.

Page 25 – « L'énergie dépensée par un homme... » : Jancovici, Jean-Marc, « Combien suis-je un esclavagiste ? », mai 2005, http://www.manicore.com.

Page 26 – « On peut estimer qu'avant 1700... » : McNeill, John, *Du nouveau sous le soleil*, Champ Vallon, 2010, p. 41. Citant Smil, Vaclav, *Energy in the World History*, 1994, p. 185-187.

Page 26 – « Un Allemand a un produit par tête... » : CIA, *The World Factbook*, consulté le 24 juin 2012.

Page 27 – « Globalement, le produit national brut par tête... » : *GEO 5*, UNEP 2011, p. 23.

Page 28 – « Les séries statistiques permettent de tracer... » : Bourguignon, François, et Morrisson, Christian, « Inequality among world citizens : 1820-1992 », *The American Economic Review, op. cit.*

3. La grande convergence

Page 29 – « Rares sont ceux... » : Dumont, René, *L'Afrique noire est mal partie*, Seuil, 1962.

Page 30 – « L'un des plus réputés... » : Myrdal, Gunnar, *Asian Drama*, Pantheon, 1968 [trad. fr. *Le Drame de l'Asie*, Seuil, 1976].

Page 30 – « Le produit intérieur brut africain dépasse... » : Severino, Jean-Michel, et Ray, Olivier, *Le Grand Basculement*, Odile Jacob, 2011, p. 23.

Page 30 – « De 1992 à 2010, le produit... » : UNEP, *Keeping Track of our Changing Environment : From Rio to Rio+20 (1992-2012)*, octobre 2011, p. 23.

Page 30 – « Et se rappelle qu'en 1700... » : Maddison, Angus, *L'Économie mondiale. Une perspective millénaire*, OCDE, 2001, p. 280.

Page 30 – « Le Premier ministre indien, Manmohan Singh... » : « PM's remarks at the LSE Asia Forum », 7 décembre 2006, http:// pmindia.nic.in/speech-details.php?nodeid=481.

Page 33 – « Comme l'observe Ahmed Henni... », Henni, Ahmed, *Le Syndrome islamiste et les mutations du capitalisme*, Non Lieu, 2008, p. 22.

Page 33 – « Selon cet organisme... » : *OECD Environmental Outlook to 2050*, OECD, 2012, p. 56.

Page 33 – « Les analystes raisonnent sur l'élargissement... » : Kharas, Homi, « The emerging middle class in developing countries », *Working Paper*, nº 285, OECD, janvier 2010.

Page 34 – « Le PIB mondial par habitant a crû... » : UNEP, *Keeping Track*, *op. cit.*, p. 23.

Page 34 – « Si bien que l'inégalité mondiale... » : Milanovic, Branko, « Plus ou moins », *Finances et Développement*, septembre 2011.

Page 34 – « Le produit moyen par tête... » : UNEP, *Keeping Track*, *op. cit.*, p. 23.

Page 34 – « Si l'on affine l'analyse... » : United Nations, *Resilient People, Resilient Planet : a Future Worth Choosing*, 2012, p. 16.

Page 35 – « L'inégalité globale, c'est-à-dire... » : Milanovic, Branko, « Plus ou moins », *Finances et Développement*, *op. cit.*

Page 35 – « Car un deuxième phénomène s'est produit... » : Morrisson, Christian, et Murtin, Fabrice, « Inégalité interne des revenus et inégalité mondiale », FERDI, document de travail/P26, septembre 2011, p. 7.

Page 36 – « La planète compte près de 29 millions de personnes millionnaires... » : Crédit Suisse, *Global Wealth Report*, octobre 2010.

4. Le mur écologique

Page 39 – « D'ici à 2050, annonce l'OCDE... » : *OECD Environmental Outlook to 2050*, OECD 2012, p. 147.

Page 40 – « Le prophète de cette vision a été... » : Rostow, W.W., *Les Étapes de la croissance économique*, Seuil, « Points », 1970 (édition originale en anglais, 1960).

Page 41 – « Par exemple, des chercheurs ont... » : Granados, José A. Tapia *et al.*, « Climate change and the world economy : short-run determinants of atmospheric CO_2 », *Environmental Science and Policy*, 2012.

Page 44 – « personnes vivant dans les bidonvilles (830 millions)... » : UNEP, *Keeping Track*, *op. cit.*, p. 7.

Page 45 – *Prix du baril de pétrole et du gaz au XXe siècle* : BP *Statistical Review of World Energy*, 2012, et : « Inflation adjusted Monthly crude oil prices (1946-Present) in May 2012 dollars », www.inflationdata.com, consulté le 27 juin 2012.

Page 46 – « Selon cette théorie exposée par des géologues... » : Campbell, Colin J., et Laherrère, Jean H., « The End of Cheap Oil », *Scientific American*, mars 1998.

Page 47 – « en 2010, l'Agence a reconnu... » : *World Energy outlook 2010*, résumé, AIE, 2010, p. 7.

Page 48 – « Une étude du Fonds monétaire international... » : Benes, Jaromir *et al.*, « The Future of Oil : Geology versus Technology », *IMF Working Paper*, mai 2012, p. 17.

Page 48 – « taux de retour énergétique... » : Heinberg, Richard, *Searching for a Miracle : Net Energy Limits and the Fate of Industrial Societies*, PostCarbon Institute, 2009, p. 23. « Energy returned on energy invested », http://en.wikipedia.org/wiki/Energy_returned_on_energy_invested, consulté le 27 juin 2012.

Page 49 – « De même que le pic pétrolier est une réalité... » : Bihouix, Philippe, et Guillebon, Benoît de, *Quel futur pour les métaux ?*, EDP Sciences, 2011.

Page 51 – « Par ailleurs, comme l'a indiqué un rapport spécifique... » : IPCC, *Special Report on Managing the Risks of Extreme Events and Disasters to Advance Climate Change Adaptation*, mars 2012.

Page 51 – « Depuis 1992, les émissions de gaz carbonique... » : UNEP, *Keeping Track, op. cit.*, p. 21 et 29.

Page 52 – « Comme le résume le climatologue Hervé Le Treut... » : interview dans *L'Humanité* du 6 décembre 2011.

Page 52 – « la superficie des forêts a reculé... » : UNEP, *Keeping Track, op. cit.*, p. 37.

Page 52 – « 36 % des 48 000 espèces... » : Convention sur la diversité biologique, *Perspectives mondiales de la diversité biologique 3*, 2010, p. 27. UNEP, *Keeping Track, op. cit.*, p. 45.

Page 52 – « l'utilisation de matériaux... » : UNEP, *Keeping Track, op. cit.*, p. 16.

Page 52 – « l'existence de chaque humain... » : UNEP, *Decoupling Natural Resource Use and Environmental Impacts from Economic Growth*, 2011.

Page 52 – « les émissions de gaz carbonique de la Chine... » : PBL Netherlands environmental assessment agency, « Chinese CO_2 emissions in perspective », Press Release, 22 juin 2007.

Page 53 – « elle entraîne le dégagement de volumes importants de méthane... » : Petron, G. *et al.*, « Hydrocarbon emissions characterization in the Colorado Front Range – A pilot study », *Journal of Geophysical Research*, février 2012.

Page 53 – « L'OCDE imagine même... » : *OECD Environmental Outlook to 2050*, OECD, 2012, p. 55. Durant les années 2000, la zone OCDE a crû au taux moyen de 1,73 % l'an (calcul de l'auteur à partir de la base statistique de l'OCDE : http://stat.oecd.org).

Page 54 – « En Chine, les terres cultivées... » : Paillard, Christophe-Alexandre, « La Chine face à la contrainte environnementale », *Le Monde chinois*, nº 19, automne 2009.

Page 55 – « entre Abidjan et Lagos, 25 millions d'habitants... » : Severino, Jean-Michel, et Ray, Olivier, *Le Grand Basculement*, Odile Jacob, 2011, p. 152.

Page 55 – *Élévation du niveau des mers au Bangladesh et en Égypte* : PNUD, *Rapport sur le développement humain 2011*, p. 66.

Page 55 – « Une étude scientifique estime que... » : Joshi, Manoj *et al.*, « Projections of when temperature change will exceed 2 °C above pre-industrial levels », *Nature Climate Change*, novembre 2011.

Page 56 – « Lawrence Summers y recommandait… » : Summers, Lawrence, « The Memo », 12 décembre 1991, http://www.whirledbank. org/ourwords/summers.html, consulté le 29 juin 2012.

Page 57 – « au rythme de l'évolution démographique… » : Pison, Gilles, « Tous les pays du monde », *Populations et sociétés*, INED, juillet-août 2011.

Page 58 – « schéma adapté de Jean Chamel… » : Chamel, Jean, *Et si la croissance ne revenait pas ?*, février 2010, www.reporterre.net/ spip.php?article2808, consulté le 29 juin 2012.

Page 59 – « C'est l'approche suivie par… » : Meinshausen, M. *et al.*, *Nature*, 30 avril 2009, p. 1158. Allen, M. R. *et al.*, *Nature*, 30 avril 2009, p. 1163.

Page 60 – « Conclusion d'un expert chinois, He Jiankun… » : Jiankun, He, « China's vision on long-term cooperative action », 2 décembre 2008, http://unfccc.int/files/kyoto_protocol/application/pdf/ chinasharedvision.pdf, consulté le 6 octobre 2012.

Page 60 – *Émissions de gaz à effet de serre par pays* : Agence européenne de l'environnement, www.eea.europa.eu/themes/climate/ghg-country-profiles, consulté le 29 juin 2012. Wikipedia : http://fr.wikipedia.org/wiki/ Gaz_à_effet_de_serre#cite_ref-28, consulté le 29 juin 2012. CDIAC : http://cdiac.ornl.gov/trends/emis/top2008.cap, consulté le 29 juin 2012.

Page 61 – « On pourrait aussi traiter… » : j'ai développé cette approche monétaire dans : Kempf, Hervé, *L'oligarchie ça suffit, vive la démocratie*, Seuil, 2011, p. 122 *sq.* Consultable sur : www.reporterre. net/spip.php?article2860.

5. La crise économique expliquée à ceux qui n'y comprennent rien

Page 63 – « le développement d'un marché illégal… » : Bilefsky, Dan, « Illegal sale of organs increases as jobs vanish », *International Herald Tribune*, 1er juin 2012.

Page 64 – « logements d'étudiants dans des conteneurs… » : Stroobants, Jean-Pierre, « Viens chez moi, j'habite dans un conteneur », *Le Monde*, 12 janvier 2010.

Page 64 – « Partout, les automobilistes réduisent le kilométrage... » : Burwell, David, « America's love affair with the motor car is running on empty », *The Guardian*, 12 juin 2011.

Page 64 – « 8 % de la population... » : « 115 millions d'Européens menacés de pauvreté ou d'exclusion sociale », *Le Monde*, 19 février 2012.

Page 64 – « Les plus pauvres sont les premiers... » : INSEE, « Les niveaux de vie en 2009 », *Insee Première*, août 2011.

Page 64 – *Évolution de l'espérance de vie en bonne santé* : INSEE, « Évolution de l'espérance de vie en bonne santé dans l'Union européenne », source Eurostat, 25 novembre 2011. INSERM, « Les dernières données sur l'espérance de vie en bonne santé dans les 27 pays de l'UE rendues publiques à Paris cette semaine », communiqué de presse, 18 avril 2012.

Page 65 – « l'augmentation des inégalités dans les pays de l'OCDE... » : OECD, *Growing Unequal? Income Distribution and Poverty in OECD Countries*, octobre 2008.

Page 65 – *Nombre d'automobiles vendues* : Scotiabank Group, « Global Auto Report », 22 décembre 2011. *Populations* : Pison, Gilles, « Tous les pays du monde », *Populations et sociétés*, INED, juillet-août 2011.

Page 65 – « Comment la crise est arrivée... » : Chesnais, François, *Les Dettes illégitimes*, Raisons d'agir, 2011. Jorion, Paul, *La Crise*, Fayard, 2008. Lordon, Frédéric, *La Crise de trop*, Fayard, 2009. Orléan, André, « La crise, moteur du capitalisme », *Le Monde*, 30 mars 2010.

Page 66 – *Rôle de la mondialisation pour baisser les prix et les salaires* : International monetary fund, « Transcript of a Conference Call on the Analytic Chapters of the Spring 2006 World Economic Outlook with Raghuram Rajan, Economic Counselor and Director of Research », 13 avril 2006.

Page 67 – « la dette est en effet un moyen... » : Kumhof, Michael, et Rancière, Romain, « Unequal = undebted », *Finance and Development*, septembre 2011.

Page 68 – « l'inégalité a recommencé à croître... » : OCDE, *Toujours plus d'inégalité : Pourquoi les écarts de revenus se creusent*, 2012.

Page 68 – « aux États-Unis, où il s'est même produit une baisse... » : CBO, *Trends in the Distribution of Household Income Between 1979 and 2007*, 25 octobre 2011.

Page 68 – « en Grèce, l'entrée dans la zone euro… » : Kouvelakis, Stathis, « Grèce : destruction programmée d'un pays », *La Revue des livres*, mars 2012.

Page 71 – « Plusieurs analystes jugent que… » : Hamilton, J.D., *Causes and Consequences of the Oil Shock of 2007-08*, Brookings Papers on economic activity, 2009. Rubin, Jeff, et Buchanan, Peter, « What's the real cause of the global recession ? », *StrategEcon*, CIBC World Markets Inc., 31 octobre 2008.

Page 72 – « dans une société globalement très riche… » : Harribey, Jean-Marie, « Pourquoi le PS se trompe-t-il en basant son programme sur une croissance de 2,5 % par an ? », 11 septembre 2001. www.reporterre.net/spip.php ?article2116, consulté le 1 juillet 2012.

6. *Les politiques de la convergence*

Page 73 – « Comme le démontre Naomi Klein… » : Klein, Naomi, *La Stratégie du choc*, Actes Sud, 2010.

Page 73 – « C'est ce que révèle… » : IMF, *Lifting Euro Area Growth : Priorities for Structural Reforms and Governance*, 22 novembre 2010, p. 12.

Page 74 – « certains comtés veulent même privatiser… » : Travis, Alan, « Police privatisation : dozens of firms register interest in £1.5bn contract », *The Guardian*, 13 mars 2012.

Page 75 – « En Grèce, par suite… » : Kempf, Hervé, « Ô Zeus, retiens-les », *Le Monde*, 22 janvier 2012.

Page 76 – « La Commission européenne comme, aux États-Unis, la Maison-Blanche… » : Commission européenne, « Innovating for Sustainable Growth : A Bioeconomy for Europe », 13 février 2012. Office of science and technology policy, *National Bioeconomy Blueprint Released*, White House, 26 avril 2012.

Page 77 – « Il faut aussi réduire… » : OCDE, *La Bioéconomie à l'horizon 2030 : quel programme d'action ?*, résumé, OCDE, 2009.

Page 77 – « Le raisonnement en a été posé… » : Pearce, David, Markandya, Anil, et Barbier, Edward, *Blueprint for a Green Economy*, Earthscan, 1989.

Page 77 – « actualisé par un banquier indien… » : Sukhdev, Pavan (dir.), *L'Économie des écosystèmes et de la biodiversité : Intégration de l'Économie de la nature*, TEEB, 2010.

Page 78 – « comme le relevait dès 2008, à propos de l'énergie… » : National Intelligence Council, « Timing is everything », *Global Trends 2025*, novembre 2008.

Page 81 – « Plus de 80 millions d'hectares… » : Anseeuw, Ward *et al.*, *Transnational Land Deals for Agriculture in the Global South Analytical Report Based on the Land Matrix Database*, avril 2012.

Page 83 – « le groupe des très riches a fait croître… » : Piketty, Thomas, et Saez, Emmanuel, « The evolution of top incomes : a historical and international perspective », AEA 2006 Session : Measuring and Interpreting Trends in Economic Inequality, janvier 2006.

Page 83 – « Et globalement, l'inégalité dans les pays émergents… » : OCDE, « Gros plan sur les inégalités dans les économies émergentes », 2012.

Page 83 – « En Inde, le thème de l'inégalité… » : Khilnani, Sunil, *Le Monde*, 26 mai 2012.

Page 83 – « En Chine, selon une étude du Crédit Suisse… » : Crédit Suisse, *Global Wealth Report*, octobre 2010.

Page 83 – « De son côté, la revue *Forbes*… » : « Forbes World's billionaires 2012 », *Forbes*, 7 mars 2012.

Page 84 – « La firme Rolls Royce… » : « Record year for Rolls Royce sales as demand grows in China », *Coventry Telegraph*, 19 juin 2012.

Page 84 – « Dans la période précédant la Révolution française… » : Bien, David, « La réaction aristocratique avant 1789 : l'exemple de l'armée », *Annales. Économies, sociétés, civilisations*, n° 1, 1974.

Page 85 – « C'est Christine Lagarde… » : Elliott, Larry, et Aitkenhead, Decca, « It's payback time : don't expect sympathy – Lagarde to Greeks », *The Guardian*, 25 mai 2012. « Exonération d'impôts pour le salaire annuel de 380 989 euros de Christine Lagarde au FMI », 6 juillet 2011, www.toutsurlesimpots.com/exoneration-d-impots-pour-le-salaire-annuel-de-380-989-euros-de-christine-lagarde-au-fmi.html, consulté le 3 juillet 2012.

Page 86 – « un taux de croissance de 7,5 %… » : *Les Échos*, « Milipol : le marché de la sécurité résiste à la crise », 8 octobre 2011.

Page 87 – «la contradiction est exposée sans fard...» : Spender, Tom, «Interview with Dalian Wanda's Wang Jianlin», *Global Blue*, mai 2012.

7. Les chemins de la mutation

Page 92 – «si la fonte du Groenland s'enclenche...» : Lenton, Timothy *et al.*, «Tipping elements in the Earth's climate system», *PNAS*, 7 février 2008.

Page 93 – «nous pouvons facilement imaginer...» : Zizec, Slavoj, *Que veut l'Europe ?*, Climats, 2005, p. 63.

Page 93 – «que j'ai décrit dans un précédent ouvrage...» : Kempf, Hervé, *L'oligarchie ça suffit, vive la démocratie*, Seuil, 2011.

Page 94 – «la nature du système monétaire contemporain...» : Martin Wolf, *Le Monde*, 16 novembre 2010.

Page 97 – «La société japonaise Canon...» : Hill, David, «Canon camera factory to go fully automated, phase out humain workers», *Singularity Hub*, 6 juin 2012.

Page 99 – «sont dans les textes proclamés comme des priorités...» : IAASTD, *Agriculture at a Crossroad, Executive Summary of the Synthesis Report*, 2008.

Page 100 – «3 millions en Europe...» : «L'agriculture : un projet européen pour sortir des crises», Alimentons l'Europe, 2009, http://www.alimentons-l-europe.eu/, consulté le 9 juillet 2012.

Page 100 – «c'est ce qu'a bien montré...» : Dorin, Bruno *et al.*, *Scénarios et défis pour nourrir le monde en 2050*, Quae, 2010.

Page 106 – «de nombreuses études montrent le lien...» : Weber, Christopher *et al.*, «Quantifying the global and distributional aspects of American household carbon footprint», *Ecological Economics*, juin 2008. Lenglard, Fabrice *et al.*, «Les émissions de CO_2 du circuit économique en France», *Rapport sur les comptes de la nation 2009*, INSEE, 2010. Longuar, Zahia *et al.*, «Chaque Français émet en moyenne 2 tonnes de CO_2 par an pour effectuer ses déplacements», *La Revue du CGDD*, décembre 2010.

Page 109 – «En réalité, c'est un indicateur très trompeur...» : Gadrey, Jean, *Adieu à la croissance*, Les Petits Matins, 2010.

Page 113 – « Trente ans d'idéologie individualiste... » : Flahault, François, *Le Paradoxe de Robinson*, Mille et une nuits, 2005. Dufour, Dany-Robert, *Le Divin Marché*, Denoël, 2007.

Page 116 – « Un travail de chercheurs... » : Chakravarty, Shoibal *et al.*, « Sharing global CO_2 emissions reductions among one billion high emitters », *PNAS*, 2009.

8. Le peuple de la Terre

Page 121 – « Au rendez-vous du donner et du recevoir... » : Senghor, Léopold Sédar, *Liberté 3 : Négritude et civilisation de l'universel*, Seuil, 1977.

Page 124 – « Les valeurs universelles globales... » : Wallerstein, Immanuel, *European Universalism. The Rhetoric of Power*, The New Press, 2006, p. 28 [trad. fr. *L'Universalisme européen*, Demopolis, 2008].

Page 125 – « avancent des penseurs audacieux... » : Baechler, Jean, *Démocraties*, Calman-Lévy, 1994. Voir aussi : Graeber, David, *Pour une anthropologie anarchiste*, Lux, 2006. Clastres, Pierre, *La Société contre l'État*, Minuit, 1974.

Page 125 – « Depuis le XVIe siècle, la culture européenne... » : Descola, Philippe, *L'Écologie des autres*, Quae, 2011.

Page 126 – « Avec l'idée de la *Pacha Mama*... » : Gudynas, Eduardo, « La Pacha Mama des Andes : plus qu'une conception de la nature », *La Revue des livres*, mars 2012.

Page 128 – « Cette situation crée une divergence d'intérêts... » : Prévot, Henri, « La nouvelle géopolitique du carbone », *Esprit*, juin 2010.

Page 130 – « ainsi parle Luiz Inácio Lula... » : cité par Paranagua, Paolo A., « Leçon de science politique, par une "rock star" nommée Lula », *Le Monde*, 30 septembre 2011.

Page 130 – « sans pour autant les confondre... » : Eco, Umberto, « La culture, notre seule identité », *Le Monde*, 26 janvier 2012.

Page 130 – « Elle attire plus d'étudiants... » : « L'Europe, première destination des étudiants étrangers », *Le Monde*, 11 mars 2012.

Page 130 – « elle consomme relativement peu d'énergie... » : Eurostat, « Consumption of energy », Eurostat, http://epp.eurostat.ec.europa.

eu/statistics_explained/index.php/Consumption_of_energy, consulté le 12 juillet 2012. EIA, « International energy statistics », www.eia.gov/cfapps/ipdbproject/IEDIndex3.cfm?tid=44&pid=44&aid=2, consulté le 12 juillet 2012.

Page 131 – « les institutions de l'Europe doivent naître... » : Gaulle, Charles de, conférence de presse du 14 novembre 1949.

Page 134 – « le nombre stupéfiant de personnes obèses... » : Ogden, Cynthia *et al.*, « Prevalence of obesity in the United States, 2009-2010 », *NCHS Data Brief*, n° 82, janvier 2012.

Page 135 – « Selon certains analystes... » : Lagadec, Erwan, « La réalité n'est pas celle du déclin de l'Occident et du triomphe des BRIICS », *Le Monde*, 20 juin 2012.

Page 137 – « L'avenir est le meilleur des conseillers... » : *Pensées et maximes*, Malesherbes, Guillaume-Chrétien Lamoignon.

Table

RÉALISATION : I.G.S.-CP À L'ISLE-D'ESPAGNAC
IMPRESSION : CPI FIRMIN-DIDOT AU MESNIL-SUR-L'ESTRÉE
DÉPÔT LÉGAL : JANVIER 2013. N° 108463-4 (119568)
IMPRIMÉ EN FRANCE